Deutsche Gebärdensprache

LinguS 6

LINGUISTIK UND SCHULE

Von der Sprachtheorie zur Unterrichtspraxis

Herausgegeben von
Sandra Döring und Peter Gallmann

Claudia Becker / Hanna Jaeger

Deutsche Gebärdensprache

Mehrsprachigkeit mit Laut- und Gebärdensprache

Bibliografische Information der Deutschen Nationalbibliothek
Die Deutsche Nationalbibliothek verzeichnet diese Publikation in der Deutschen Nationalbibliografie; detaillierte bibliografische Daten sind im Internet über http://dnb.dnb.de abrufbar.

Dischingerweg 5 · D-72070 Tübingen

Internet: www.narr.de
E-Mail: info@narr.de

CPI books GmbH, Leck

ISSN 2566-8293
ISBN 978-3-8233-8175-4

Inhalt

Vorwort

Das Leben ist vielfältig. Dazu gehört auch, dass Menschen unterschiedliche Sprachen verwenden. Menschen benutzen nicht nur verschiedene gesprochene Sprachen, sondern auch Gebärdensprachen. Der Blick auf die vielfältigen Sprachen eröffnet uns unterschiedliche Perspektiven, Kulturen und Formen des Zusammenlebens von Menschen.

Durch die zunehmende Implementierung inklusiver Bildungsangebote in Deutschland besuchen heute immer mehr hörende und hörgeschädigte Kinder gemeinsam eine Schule. Neben unterschiedlichen Lautsprachen bringen die Kinder in diesen Kontexten zusätzlich die Deutsche Gebärdensprache (DGS) mit bzw. lernen diese in der Schule. Diese sprachliche Vielfalt bereichert den Unterricht und den Schulalltag, führt aber auch zu vielen Fragen: Was ist die Deutsche Gebärdensprache? Was bedeutet „Gehörlosenkultur"? Wie können Gebärdensprache, Laut- und Schriftsprache gewinnbringend für alle im Unterricht eingesetzt werden? Wie wirkt sich eine Hörschädigung auf den Spracherwerb aus und wie kann die Sprachbildung bei einer Hörschädigung gestaltet werden?

Mit diesen Fragen sind vor allem Lehrerinnen und Lehrer im Regelschulbetrieb konfrontiert, die mit der inklusiven Bildung von hörenden und hörgeschädigten Kindern Neuland betreten. Ziel dieses Buches ist deshalb, insbesondere Lehrerinnen und Lehrern an allgemeinbildenden Schulen, aber auch allen Interessierten eine Handreichung zu geben, die über die Mehrsprachigkeit mit Gebärdensprache und Lautsprache aufklärt und praktische Tipps und didaktische Anregungen für die Sprachbildung und Förderung von Sprachbewusstheit hörgeschädigter Kinder in inklusiven Settings bietet.

Das Buch ist in zwei Abschnitte gegliedert. Im ersten Teil (Kap. 1-3) geben wir einige Hintergrundinformationen. Wir erläutern unterschiedliche Sichtweisen auf Gehörlosigkeit und erklären, was es mit der Kultur der Gebärdensprachgemeinschaft auf sich hat. Wir stellen außerdem dar, was die Deutsche Gebärdensprache als natürliche Sprache auszeichnet und was „bimodale Mehrsprachigkeit" bedeutet. Im zweiten Teil (Kap. 4-6) geht es um didaktische und unterrichtspraktische Chancen und Herausforderungen, die sich durch die Mehrsprachigkeit mit Laut- und Gebärdensprachen ergeben. Dabei gehen wir der Frage nach, wie die Deutsche Gebärdensprache und die deutsche Laut- und Schriftsprache im Kontext einer Hörschädigung erworben und gefördert werden kann und wie sich bimodale Mehrsprachigkeit im schulischen Kontext gewinnbringend gestalten lässt.

Für die bessere Lesbarkeit haben wir uns für das generische Maskulinum entschieden. Diese Formulierungen umfassen selbstverständlich gleichermaßen weibliche und männliche Personen. Außerdem haben wir, ebenfalls im Sinne einer besseren Lesbarkeit, im Text weitgehend auf Literaturangaben verzichtet. Am Ende jedes Kapitels empfehlen wir Ihnen aber gerne Literatur, die Ihnen weitere Hintergrundinformationen, den Stand der Forschung und Tipps für die Sprachbildung mit Laut- und Gebärdensprache bietet.

Lassen Sie sich von der Welt der Gebärdensprachen faszinieren. Vielleicht haben Sie ja nach der Lektüre Lust, selbst die Deutsche Gebärdensprache zu lernen?

Berlin und Leipzig, im September 2018 Claudia Becker und Hanna Jaeger

1 Gehörlose Menschen – eine Sprach- und Kulturgemeinschaft

Ziele

Wer sind die gehörlosen bzw. hörgeschädigten Kinder und Erwachsenen eigentlich, zu deren Leben Mehrsprachigkeit mit Gebärdensprache und Lautsprache gehört? In den folgenden Abschnitten werden wir erklären, dass Gehörlosigkeit aus unterschiedlichen Gesichtspunkten wahrgenommen und erlebt wird. Ziel dieses Kapitels ist es, eigene Sichtweisen kritisch zu hinterfragen und den Blick dafür zu weiten, dass das, was für manche Menschen vielleicht ein ernsthaftes Problem darstellt, von anderen als eine wertvolle Facette des Lebens betrachtet wird, die es fröhlich zu gestalten gilt.

1.1 Gehörlosigkeit: drei Perspektiven

Auf den ersten Blick ist Gehörlosigkeit eine physische Erscheinung, die auf Einschränkungen des Hörvermögens basiert. Viele hörende Menschen betrachten eine Hörschädigung als einen Zustand, der das Leben des Individuums negativ beeinträchtigen und somit ein Problem darstellen muss, das es möglichst zu beheben gilt. Menschen, die selbst einmal gut hören konnten und erst im Laufe ihres Lebens von einem Hörverlust betroffen sind, erleben eine Hörschädigung vermutlich ebenfalls als Verlust.

Aber nicht alle Menschen mit einer Hörschädigung teilen diese eher defizitorientierte Sichtweise. Für viele Menschen, insbesondere diejenigen, die von Geburt oder früher Kindheit an mit einer Gehörlosigkeit aufgewachsen sind, ist die physische Kondition der Gehörlosigkeit zwar ein reales Phänomen, sie empfinden diese jedoch nicht unbedingt als Verlust. Sie haben nicht das Gefühl, dass ihnen etwas Wichtiges fehlt. Im Gegenteil – sie identifizieren sich mit der Gebärdensprache und der Gebärdensprachgemeinschaft, die sich nicht über Hör(un)vermögen definiert, sondern sich als eine auf Zusammenhalt ausgerichtete Wertegemeinschaft versteht.

Aufgrund dieser Komplexität, die sich nicht nur durch eine Sicht von außen, sondern tatsächlich auch durch konträre Selbstverständnisse unterschiedlicher Menschen mit einer Hörschädigung ergibt, macht es Sinn, sich ein wenig näher mit einzelnen Positionen zu beschäftigen und zu überlegen, inwiefern diese für den Schulalltag relevant sein können.

Gehörlosigkeit: ein medizinisches Problem?

Aus medizinischer Perspektive wird ein Hörverlust als eine Abweichung vom „Normalzustand" betrachtet, den es möglichst zu heilen oder zu kompensieren gilt. Um hörgeschädigten Menschen das Hören zu ermöglichen, ist die medizinisch-technische Forschung bemüht, durch Hörtechnologie und medizinische Eingriffe den bestmöglichen „Normalzustand" (wieder) herzustellen. Mittlerweile sind sehr gute Hörgeräte auf dem Markt, die auch hochgradig hörgeschädigten und zum Teil auch gehörlosen Menschen ein gutes, wenn auch weiterhin eingeschränktes Hören ermöglichen. Diese technischen Errungenschaften werden von vielen hörgeschädigten Menschen als sehr wertvoll erlebt, da sie ihnen die Kommunikation in gesprochener Sprache mit hörenden Menschen ermöglichen.

Die ausschließlich medizinische Sichtweise auf Gehörlosigkeit wird allerdings von vielen, insbesondere auch hörgeschädigten Menschen kritisiert, da es sich um eine oft ausschließlich defizitorientierte Sichtweise handelt, die das vermeintliche Problem des Nicht-Hören-Könnens in den Fokus rückt. Diese Sichtweise lässt allerdings wenig Raum für die Idee, dass es Menschen gibt, die Gehörlosigkeit als eine besondere Facette ihres Lebens und Gebärdensprachen als eine Bereicherung der Gesellschaft betrachten. Häufig geht der ausschließlich medizinische Ansatz Hand in Hand mit der Ablehnung von Gebärdensprachen. Ausgehend von einem phonozentrischen, das heißt lautsprachorientierten Weltbild wird aus dieser Perspektive gebärdensprachliche Interaktion als Kommunikation zweiter Klasse wahrgenommen, frei nach dem Motto: „Auf die Gebärdensprache *muss* zurückgegriffen werden, weil der behinderte Mensch *leider* nicht hören und häufig nur eingeschränkt sprechen kann."

In früheren Zeiten wurden Gebärdensprachen tatsächlich als „Affensprachen" betrachtet, die den Lautsprachen nicht das Wasser reichen könnten und auch für die Bildung der Menschen nur wenig taugten. Es ist zwar heute zunehmend anerkannt, dass es sich bei Gebärdensprachen um vollwertige, natürliche menschliche Sprachen handelt (s. Kap. 2), aber dennoch führt die medizinische Sichtweise auch heute oft noch dazu, dass die Versorgung mit Hörtechnologie und die Förderung der Lautsprache an erste Stelle gesetzt wird. Die Förderung der Gebärdensprache dient lediglich als Notnagel, auf den zurückgegriffen wird, wenn die lautsprachliche Entwicklung ins Stocken gerät. Der Gewinn, den eine bimodale Mehrsprachigkeit von Anfang an für die gesamte Entwicklung eines Kindes haben kann, wird bei dieser Sichtweise häufig außen vor gelassen (s. Kap. 3).

Gehörlosigkeit: eine soziale Behinderung?

Eine etwas anders gelagerte Perspektive sieht in Gehörlosigkeit in erster Linie nicht ein individuelles, sondern ein soziales Problem. Die Behinderung ist keine Eigenschaft des Individuums, sondern Behinderung entsteht dann, wenn Menschen aufgrund von Barrieren nicht voll am gesellschaftlichen Leben teilhaben können. Auch Menschen mit einer Hörschädigung stoßen in unserer Gesellschaft immer wieder auf Barrieren, da sie vornehmlich auf Hören und Lautsprache ausgerichtet ist. Viele Fernsehsendungen sind zum Beispiel nicht barrierefrei, da sie ausschließlich in gesprochener Sprache präsentiert werden und Untertitel oder Gebärdenspracheinblendungen fehlen. Die Behinderung kann aufgehoben werden, wenn die Gesellschaft Strukturen und Bedingungen schafft, in denen Menschen mit und ohne funktionelle körperliche Beeinträchtigungen ungehindert teilhaben können. Aus dieser Perspektive liegt es deshalb in gesellschaftlicher Hand, entsprechende Nachteilsausgleiche zu schaffen, um Barrieren, die Menschen mit einer Hörschädigung erleben, auszugleichen oder am besten ganz abzubauen. In diesem Zusammenhang ist insbesondere die Bereitstellung und Finanzierung von Dolmetschern auch in der Schule relevant.

In der Tat empfinden viele gehörlose Personen ihre Hörschädigung gar nicht als Behinderung *per se*. Dies ist insbesondere dann der Fall, wenn sie sich in Kontexten bewegen, in denen beispielsweise alle Beteiligten in der Lage sind, gebärdensprachlich zu kommunizieren. In dem Moment, wo ungehinderte Kommunikation möglich ist, spielt die An- oder Abwesenheit des Hörvermögens schlichtweg keine Rolle.

Gehörlosigkeit: ein kulturell-sprachliches Phänomen?

Obwohl Gehörlosigkeit in gewisser Hinsicht immer etwas mit einer physischen Kondition zu tun hat, die konkrete Implikationen für das soziale Miteinander von hörenden und gehörlosen Menschen hat, gibt es darüber hinaus aber auch noch andere Aspekte, die für viele gehörlose Personen den Kern ihrer sozialen Identität ausmachen. Sie sehen sich als Mitglied einer sprachlich-kulturellen

Minderheit. Im Mittelpunkt steht hier die gelebte Erfahrung einer Gemeinschaft, die sich über eigene kulturelle Normen und Formen definiert. Obwohl der Begriff „Gehörlosenkultur“ erst in den 1980ern aufkam, reicht die Erfahrung einer gemeinschaftlich entstandenen Kultur weit zurück. Dies lässt sich beispielsweise an dem im 19. Jahrhundert entstandenen Vereinswesen ablesen, in dem sich gehörlose Menschen zusammengetan haben, um gemeinsam sportlichen Aktivitäten nachzugehen oder andere geteilte Interessen zu pflegen und zu vertreten.

Die Gebärdensprachgemeinschaft ermöglicht es gehörlosen Menschen, sich mit anderen auszutauschen, deren Alltagsrealität der eigenen in vielerlei Hinsicht oft sehr ähnlich ist. Dazu gehören zum Beispiel Erfahrungen, die häufig von kommunikativen Barrieren bis hin zu Diskriminierungen in der hörenden Mehrheitsgesellschaft geprägt sind. Die Gehörlosen- bzw. Gebärdensprachgemeinschaft spielt für viele gehörlose Personen auch heute noch eine wichtige Rolle, was sich nach wie vor u. a. im organisierten Sport zeigt. Hier wird in besonderer Weise der soziale Austausch auf regionaler und überregionaler Ebene ge- und erlebt. Darüber hinaus versteht sich die Gehörlosengemeinschaft aber auch als Interessensgemeinschaft. So setzt sich der Deutsche Gehörlosenbund aktiv auf politischer Ebene dafür ein, Behinderungen in der Gesellschaft abzubauen.

Zur Gehörlosenkultur selbst werden verschiedene Umgangsformen und -normen gezählt. Wenn man das Gegenüber auf sich aufmerksam machen möchte, ist es üblich, gezielt zu winken oder dies mit einem sanften Antippen der Schultern zu signalisieren. Dem Begriff Gehörlosenkultur werden außerdem auch eigene Kunstformen und Textsorten zugeschrieben, die einen stark visuellen und gebärdensprachlichen Charakter haben. An visuell-räumlich ausgerichteten Reimen in der Gebärdensprachpoesie zeigt sich, dass sich literarische Finessen keineswegs auf Laute beschränken. Geschichten haben in dem DGS-Kulturkanon ebenso ihren Platz wie Witze, deren Pointen häufig schlichtweg nur versteht, wer mit der Lebenswelt gehörloser Menschen vertraut ist.

Viele gehörlose Personen beschreiben ihr Leben als ein Leben in zwei Welten. Auf einer Seite ist dies nachvollziehbar, zumal sich der Alltag in einer hörenden Umgebung, allein schon aufgrund sprachlich-kommunikativer Gegebenheiten, anders gestaltet, als wenn gehörlose Personen unter sich sind. Da jedoch in der Regel beide „Welten“ Teil der Lebensrealität gehörloser Menschen sind, würden wir hier eher das Bild von zwei Seiten einer Medaille ins Feld führen.

In der **Gebärdensprachpoesie** werden Körper und Raum bewusst eingesetzt, um künstlerische Texte zu kreieren. Dabei gibt es eine Reihe unterschiedlicher Stilmittel: Mit der gezielten Häufung und/oder Wiederholung von Handformen lassen sich visuelle Reime gestalten, je nach Mimik, Tempo und räumlicher Ausdehnung einzelner Zeichen lassen sich unterschiedliche Stimmungen und Spannungen erzeugen. Handformen und Ausführungen einzelner Gebärdenzeichen werden dabei häufig für künstlerische Zwecke verfremdet.

Selbst gehörlos, hat der britische Deaf Studies Forscher Paddy Ladd (2003) vor einigen Jahren den Begriff Deafhood, zu deutsch: Taubsein oder Gehörlos-Sein, geprägt. Er drückt damit aus, dass Gehörlosigkeit wesentlich mehr ist – oder sein kann – als ein physisches, sprachliches oder soziales Konstrukt. Vielmehr steht hier ein holistisches Selbstverständnis im Vordergrund, das sich durch eine positive und bejahende Einstellung zum Taubsein mit all seinen Facetten und Werten auszeichnet. Ganz gut passt in diese Sichtweise auch die Beschreibung gehörloser Menschen als „people of the eye" oder „sign language people". Im Zentrum beider Konzepte steht das, was hörgeschädigte, gebärdensprachkompetente Menschen in besonderem Maße auszeichnet und was viele von ihnen tatsächlich als besonderes Kapital schätzen: die Welt vor allem mit den Augen zu sehen und sie sich durch visuell-räumliche Mittel sprachlich zu erschließen.

Die gelebte Realität „Gehörlosigkeit" wird also von verschiedenen Personen aus sehr unterschiedlichen Perspektiven wahrgenommen. Wichtig ist ganz besonders für die hörende Mehrheit, eine Sensibilität für die Unterschiedlichkeit der Perspektiven zu entwickeln und das Bewusstsein darüber, dass die eigene Sichtweise eine unter anderen ist und nicht zwangsläufig vom Gegenüber in gleicher Weise geteilt wird. Auch wenn vieles auf den ersten Blick unverständlich sein mag, die Welt ist bunt – und das ist auch gut so.

1.2 Terminologie: Welche Bezeichnung ist richtig?

Es gibt viele Begriffe, die im Zusammenhang mit Menschen mit Hörschädigungen verwendet werden. Hier ist eine (unvollständige) Auflistung von Begriffen, die in diesem Kontext immer wieder auftauchen:

taub
hörgeschädigt
hörbehindert
gehörlos
Gebärdensprachnutzer
Deafie

Gerade in einer Zeit, in der politische Korrektheit großgeschrieben wird, existieren große Unsicherheiten darüber, welche Begriffe überhaupt verwendet werden dürfen, gerade angesagt sind oder auch tunlichst vermieden werden sollten. Manch einen mag das Gefühl beschleichen, dass die Wahl der richtigen Terminologie in etwa den Charme von „Topfschlagen im Minenfeld" hat. Egal für welchen Begriff man sich entscheidet – die Sorge, ausgerechnet den falschen zu verwenden, ist gar nicht mal so unbegründet.

Das Dilemma im deutschsprachigen Raum ist, dass es zurzeit keine Bezeichnung gibt, die zufriedenstellend ist bzw. von allen Menschen in gleicher Weise akzeptiert wird. Vor allem fehlt es an einem passenden Oberbegriff, der die Gruppe von Menschen mit einer Hörschädigung beschreibt. Das Wort *„hörbehindert"* ist problematisch, da es wie eine Charakterzuschreibung wirkt und den Aspekt außen vor lässt, dass eine Behinderung erst im gesellschaftlichen Miteinander entsteht. Das Wort *„hörgeschädigt"* ist defizitorientiert und eher der medizinischen Sichtweise zuzuschreiben.

Die Bezeichnungen, die Menschen für sich selbst wählen, drücken häufig ihre Haltung zu ihrer Hörschädigung sowie ihre sprachlich-kulturelle Orientierung und damit einen Teil ihrer Identität, ihres Selbstverständnisses, aus. So bezeichnen sich Menschen in der Regel dann als *„schwerhörig"*, wenn sie über Hörreste verfügen und vor allem lautsprachlich kommunizieren. Personen, die Gebärdensprache als ihre bevorzugte Sprache betrachten, bezeichnen sich als *„gehörlos"*, *„taub"* oder als *„Gebärdensprachnutzer"*, einige auch als *„Deafie"*. Diese Bezeichnungen werden auch verwendet, um die Zugehörigkeit zur Gehörlosenkultur bzw. der Gebärdensprachgemeinschaft zu betonen. Aus medizinischer Sichtweise gibt es wiederum weitere Unterscheidungen, die die unterschiedlichen Formen und Grade von Hörschädigungen bezeichnen (zum Beispiel *„leichtgradig/mittelgradig/hochgradig hörgeschädigt, an Taubheit grenzend, gehörlos"*).

Für die Pädagogik ist es wichtig, eine sprachliche Sensibilität zu entwickeln und nachzufragen, welche Termini von den betroffenen Personen präferiert werden. Wird zum Beispiel in der Schule das Thema „Hörschädigung" aufgegriffen oder die Verwendung von Gebärdensprache thematisiert, bietet es sich an, gemeinsam mit den Schülern auszuarbeiten, welche Assoziationen mit welchen Begriffen verknüpft werden, und eine für den konkreten schulischen Kontext verbindliche Sprachregelung zu verabreden. Auf diese Weise wird nicht zuletzt auch den Schülern das Recht zugesprochen, bestimmte Bezeichnungen und damit ggf. auch Teilidentitäten für sich zu reklamieren.

Last but not least: Ein Begriff, der heutzutage absolut nicht mehr verwendet werden darf und kategorisch aus jedem Sprachgebrauch eliminiert werden sollte, ist das Wort: *„taubstumm"*. Dieser Begriff wird in mehrfacher Hinsicht als diskriminierend empfunden. Zum einen können gehörlose Menschen mit entsprechendem Training durchaus (akustisch) sprechen lernen. Zum anderen können sie sich in Gebärdensprache sehr wohl eloquent ausdrücken.

Im Sinne eines pragmatischen Vorgehens verwenden wir in diesem Buch eine Reihe von Begriffen, die in der Literatur gängig sind. Gleichzeitig sind wir uns natürlich des normativen Potentials der hier verwendeten Termini bewusst.

Um die gesamte Gruppe von Menschen zu beschreiben – unabhängig von der Ausprägung der Hörschädigung, der sprachlichen oder kulturellen Orientierung –, verwenden wir in diesem Buch den Begriff **hörgeschädigt** – wohl wissend, dass es sich hier um einen faulen Kompromiss handelt. Wenn wir Menschen bezeichnen, die einen hohen Hörverlust haben und Gebärdensprache als wichtiges Kommunikationsmittel im Alltag verwenden, benutzen wir den Terminus „gehörlos".

1.3 Aufgaben

1. Was bedeutet „Gehörlosigkeit" für Sie? Welche Aspekte würden Sie nach dem Lesen des obigen Kapitels für sich neu überdenken?
2. Fragen Sie die hörgeschädigten Schüler in Ihrer Klasse, welche Bezeichnungen sie für sich selbst reklamieren.

1.4 Weiterführende Literatur

Wer sich fragt „Was ist Deafhood?“, wird darauf in dem gleichnamigen Buch von Paddy Ladd 2008 sehr umfassende Antworten finden. Heute wird auch der Terminus „Deaf Gain“ diskutiert. Damit wird betont, dass Gehörlosigkeit nicht als Mangel betrachtet wird, sondern als Gewinn für die Vielfalt menschlichen Daseins. Hierzu lohnt es sich, das Buch „Deaf Gain: Raising the Stakes for Human Diversity“ von Bauman und Murray von 2014 zu lesen. Einblicke in aktuelle Themen, welche die Gebärdensprachgemeinschaft bewegen, finden sich auf der Webseite „Taubenschlag“ (www.taubenschlag.de [abgerufen am 03.12.2018]).

2 Die Deutsche Gebärdensprache – Sprache im Raum

Ziele

Es gibt verschiedene Kommunikationsmittel, die zwar durchaus etwas mit gebärdensprachlicher Kommunikation zu tun haben, dennoch aber nicht mit Gebärdensprache im engeren Sinne gleichzusetzen sind. Zentrales Anliegen des folgenden Kapitels ist es darum, Einblicke in sprachliche Strukturen der Deutschen Gebärdensprache (DGS) zu geben. Zunächst greifen wir weit verbreitete, wenn auch falsche Annahmen über DGS auf. Anschließend gehen wir auf ausgewählte sprachstrukturelle Aspekte ein und zeigen daran, dass DGS weit mehr ist als „mit den Händen zu gestikulieren". Sie ist eine vollwertige, natürliche Sprache, die über ähnliche Ebenen verfügt wie gesprochene Sprachen.

2.1 Was ist DGS nicht?

Um es gleich einmal vorwegzunehmen: DGS ist genauso strukturell komplex und funktional adäquat wie alle anderen natürlichen Sprachen auch. Dennoch gibt es immer wieder Missverständnisse, von denen wir vier besonders aufgreifen möchten: DGS ist nicht international, sie ist kein Fingeralphabet, sie ist keine Pantomime und sie ist nicht gebärdetes Deutsch.

DGS ist nicht international

Menschen, die das erste Mal mit Gebärdensprachen konfrontiert sind, stellen häufig als Erstes diese Frage: „Ist Gebärdensprache eigentlich international?" Wenn diese dann verneint wird, wird das zumeist mit einem: „Schade, das wäre doch aber so praktisch!" kommentiert. Der bedauernde Unterton ist dabei selten zu überhören. Dabei ist die Sache mit der Nicht-Internationalität weder verwunderlich noch bedauerlich. Die Antwort liegt darin begründet, dass DGS genau das ist, was der Name sagt: eine Sprache. Und zwar eine ganz natürliche, die (vorwiegend gehörlose – aber nicht nur) Menschen verwenden, um all die Dinge zu tun, die man so mit natürlichen Sprachen macht: Witze reißen, sich erklären, schimpfen, flirten, Geschichten erzählen, Wegbeschreibungen liefern, Pläne schmieden usw. Für die Entstehung von Gebärdensprachen spielen insbesondere solche Orte eine zentrale Rolle, an denen gehörlose Menschen zusammenkommen und gemeinsam soziales Miteinander schaffen. In der Vergangenheit waren dies oft Schulen und Internate. Das hat auch dazu geführt, dass in verschiedenen Ländern unterschiedliche Gebärdensprachen entstanden sind. So gibt es neben der Deutschen Gebärdensprache zum Beispiel auch eine Griechische, eine Amerikanische oder eine Syrische Gebärdensprache. Darüber hinaus können Gebärdensprachen aufgrund ihrer Entstehungsgeschichten auch verschiedene Dialekte haben (s. Kap. 2.2.2). So sehen einige Gebärden im Süden Deutschlands anders aus als im Norden, Westen oder Osten.

Gebärdensprachen sind wie Lautsprachen keine starren Systeme. Heute ist es möglich, auch mit Gebärdensprache Theologie, Medizin oder Quantenphysik zu studieren. Weil DGS damit in Kontexten Anwendung findet, für die gebärdensprachliche Interaktion bis vor wenigen Jahren nicht möglich war, hat dies natürlich direkte Auswirkungen auf die Entwicklung der DGS, insbesondere im Bereich des Lexikons. In der sukzessiven Weiterentwicklung zeigt sich nicht nur das Potential von Gebärdensprachen, sich sozialen Entwicklungen anzupassen, sondern sie ist auch ein Indiz für die Natürlichkeit der Sprachen.

DGS ist nicht das Fingeralphabet

Das **Fingeralphabet** bietet die Möglichkeit, mit Hilfe verschiedener Handzeichen die Buchstaben der deutschen Schriftsprache manuell darzustellen und auf diese Weise Wörter der deutschen Sprache in die Luft zu buchstabieren (s. Abb. 1).

Fingeralphabete sind eine wunderbare Erfindung für solche Fälle, wenn es beispielsweise darum geht, spezielle lautsprachliche Wörter, für die es (noch) keine entsprechenden Gebärden gibt, in Gespräche zu integrieren. Auch bei Eigennamen für Orte und Personen kommt das Fingeralphabet regelmäßig zum Einsatz. So gesehen findet das Fingeralphabet durchaus seine Anwendung in gebärdensprachlicher Kommunikation. Im engeren Sinne sind Fingeralphabete jedoch künstlich entwickelte Systeme, mit deren Hilfe sich Wörter der Lautsprache räumlich-visuell darstellen lassen. Quasi ein Mittelding zwischen Laut-, Schrift- und Gebärdensprache.

Fingeralphabete eignen sich nicht dazu, sich Buchstabe für Buchstabe durch ein Gespräch zu daktylieren (= mit den Fingern buchstabieren). Wollte man dies tun, wäre das nicht nur unglaublich anstrengend, sondern würde in etwa so aussehen, wie es sich anhören würde, wenn man sich per Artikulation einzelner Laute unterhalten wollte. So nach dem Motto: „H-a-l-l-o-O-m-a-

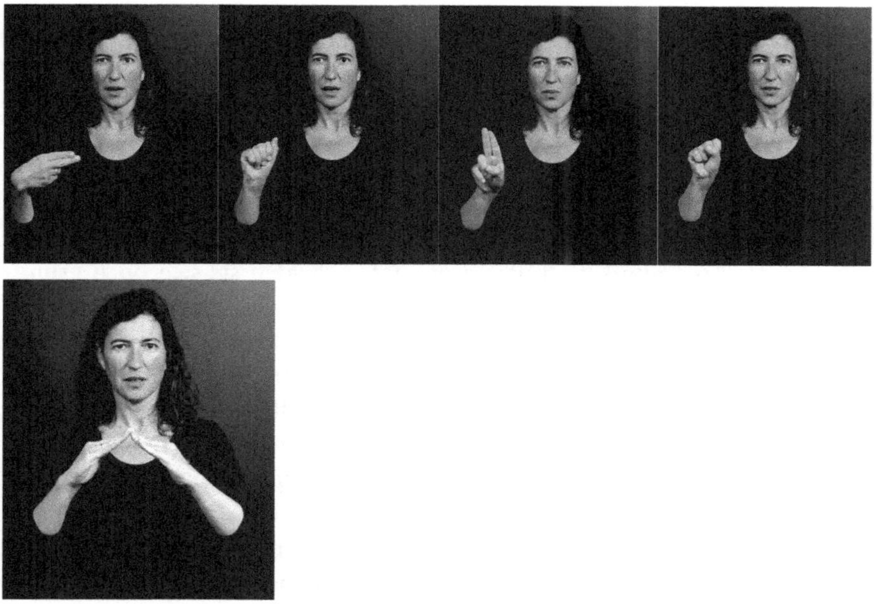

Abb. 1: Das Wort ‚Haus' im deutschen Fingeralphabet (oben) und die Gebärde HAUS in DGS (unten)

W-a-n-n-k-o-m-m-s-t-D-u-u-n-s-W-e-i-h-n-a-c-h-t-e-n-b-e-s-u-c-h-e-n?" So redet natürlich kein Mensch! Sprache funktioniert anders. Wie wir später noch ausführen werden, machen sich Gebärdensprachen in ganz spezieller Weise die visuell-räumliche Modalität zunutze. Durch systematische Kombinationen u. a. von Handformen, Bewegung und Gesichtsausdruck können verschiedene bedeutsame Informationen simultan kommuniziert werden (s. Abb. 1).

Übrigens hat jede Gebärdensprache ihr eigenes Fingeralphabet. In manchen Sprachen wie der Deutschen oder der Amerikanischen Gebärdensprache (American Sign Language, ASL) reicht dafür eine Hand, für andere, wie zum Beispiel die Britische Gebärdensprache (British Sign Language, BSL), braucht man beide Hände.

DGS ist nicht Pantomime

Wer gehörlosen Menschen schon einmal dabei zugeschaut hat, wie sie sich auf DGS unterhalten, wird festgestellt haben, dass – je nach Thema der Unterhaltung und Temperament der Beteiligten – ausladende Armbewegungen und lebendige Mimik gebärdensprachliche Unterhaltungen bestimmen. Auf den ersten Blick sieht es dabei manchmal so aus, als könne man selbst als völlig „unvorbelasteter" Beobachter das eine oder andere verstehen oder doch zumindest einen Eindruck davon bekommen, worum es gerade geht. Die Räumlichkeit der Sprache und der Körpereinsatz auf der ganzen Linie legen darum zuweilen, wenn auch irrtümlicherweise, die Vermutung nahe, Gebärdensprache sei so ähnlich wie Pantomime. Abgesehen davon, dass beide auf ihre Art physische Formen der Kommunikation darstellen, unterscheiden sie sich doch grundlegend. Pantomime bildet komplexe Zusammenhänge bildlich ab. Dabei wird in der Regel der gesamte Körper eingesetzt. Gebärdensprachen sind jedoch natürliche Sprachen, die in ihrer medialen Realisierung zwar räumlich-visuell und somit sichtbar artikuliert werden, von ihrem Aufbau her jedoch wie Lautsprachen nicht ganzheitlich, sondern auf verschiedenen Ebenen systematisch aufgebaut sind. Wie Wörter zum Beispiel aus einer begrenzten Anzahl von Lauten zusammengesetzt sind, besteht ein Gebärdenzeichen aus einer limitierten Anzahl von Handformen. Es ist also in erster Linie nicht so sehr das Bild an sich, sondern sprachliche Gesetzmäßigkeiten, an denen sich der Aufbau einer gebärdeten Äußerung orientiert. Abgesehen davon lassen sich in DGS ganz abstrakte Inhalte vermitteln, für die es keine direkten bildlichen Vorlagen gibt, die man für die Gebärde benutzen könnte. So gibt es zum Beispiel Gebärden für abstrakte Ausdrücke wie ‚Glück', ‚Linguistik' und ‚philosophieren'.

Nicht zuletzt ist bei Pantomime der gesamte Körper im Einsatz und auch der Raum, den der Darsteller einnimmt, ist dabei grundsätzlich nicht begrenzt. Bei gebärdensprachlicher Kommunikation hingegen werden sprachliche Äußerungen – von wenigen Ausnahmen abgesehen – nur im Raum vor dem Oberkörper der gebärdenden Person artikuliert. Einfach ausgedrückt: Der Pantomime-Künstler läuft aufgeregt durch den Raum, der DGS-Nutzer produziert dagegen konventionalisierte sprachliche Zeichen und zeigt mit seinen Händen, wie eine Person aufgeregt durch den (Gebärden-)Raum läuft.

DGS ist nicht gebärdetes Deutsch

Manchmal werden wir gefragt, ob man in Gebärdensprache auch wirklich all das ausdrücken kann, was man auf Deutsch kommunizieren kann. Dahinter verbirgt sich im Grunde genommen die Annahme, dass die Deutsche Gebärdensprache so etwas wie „Deutsch auf Gebärdensprache" oder „gebärdetes

Deutsch“ ist. Wichtig ist zunächst einmal festzuhalten, dass es so etwas tatsächlich gibt: gebärdetes Deutsch bzw. Lautsprachbegleitende Gebärden (LBG).

Bei **Lautsprachbegleitenden Gebärden (LBG)** handelt es sich um eine Kommunikationsform, bei der Deutsch gesprochen wird. Gleichzeitig werden zu allen oder oft auch nur zu einigen Wörtern Gebärden produziert. Manchmal werden Flexionsendungen der deutschen Wörter zusätzlich durch das Fingeralphabet visualisiert. Es handelt sich bei LBG nicht um eine eigenständige Sprache, sondern um eine (zusätzliche) Visualisierung von gesprochenem Deutsch. LBG werden deshalb vor allem benutzt, um das Verstehen von gesprochenem Deutsch zusätzlich zu unterstützen. Um einen LBG-Satz zu verstehen, muss man nicht nur die Gebärdenzeichen kennen, sondern auch mit der grammatischen Struktur der deutschen Sprache vertraut sein. Oft werden nur einige Schlüsselwörter in einem Satz mit Gebärden begleitet. Dies wird auch als Lautsprachunterstützende Gebärden (LUG) bezeichnet.

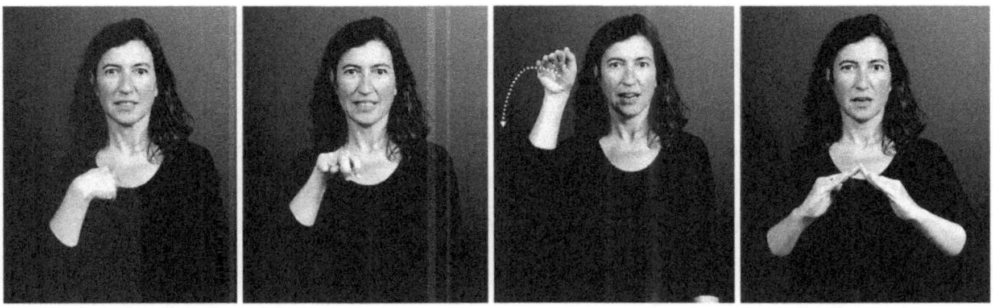

ICH GEHEN NACH HAUSE

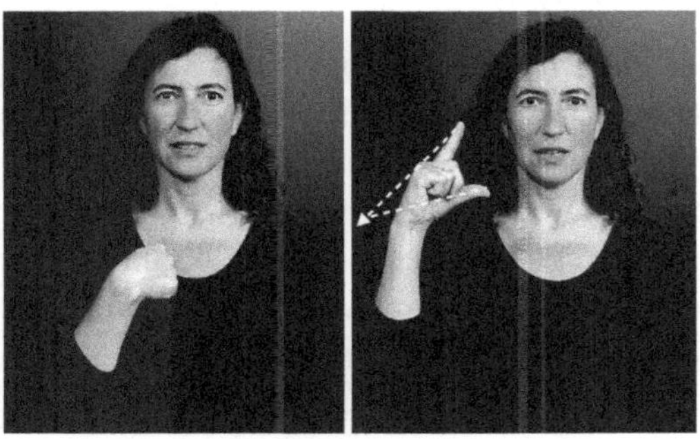

ICH NACH-HAUSE

Abb. 2: Deutscher Satz mit LBG: ICH GEHEN NACH HAUSE (oben), DGS-Satz: ICH NACH-HAUSE („Ich gehe nach Hause“) (unten)

Für die LBG werden lediglich einzelne Gebärden aus der DGS entliehen. LBG folgen aber nicht der Grammatik der DGS (s. Abb. 2). DGS hat eine eigene Grammatik, die insbesondere die Möglichkeiten des visuellen Raums ausnutzt. Wie das genau aussieht, erklären wir in Kap. 2.2.

2.2 Was ist DGS?

Nachdem geklärt ist, was DGS nicht ist, bleibt nun noch die Frage zu klären, was diese Sprache genau ausmacht. Dass es sich bei DGS um eine natürliche Sprache handelt, lässt sich an (mindestens) drei Punkten festmachen. Erstens ist DGS – wie andere Gebärdensprachen auch – im sozialen Miteinander gehörloser Menschen auf natürliche Weise entstanden. Zweitens ist sie auf sprachstruktureller Ebene systematisch aufgebaut und komplex gestaltet. Drittens ist sie aus funktionaler Sicht nicht nur zentrales Mittel sozialer Verständigung, sondern bildet in ihren Strukturen auch ganz unterschiedliche soziale Gegebenheiten systematisch ab.

Nichtsdestotrotz sind Gebärdensprachen, abgesehen von ihrer Medialität, aber auch ein bisschen anders als gesprochene Sprachen, was sich u. a. in internationalen Kontexten zeigt (s. Kap. 2.3). Und praktischerweise, wie wir am Ende des Kapitels zeigen werden, kann man Gebärdensprachen auch aufschreiben. Doch zunächst einmal zur linguistischen Struktur der Deutschen Gebärdensprache.

2.2.1 Komplexe Struktur: Bewegung mit System

Aus linguistischer Sicht sind DGS-Äußerungen vielschichtige sprachliche Strukturen genauso wie lautsprachliche Äußerungen. Von außen fallen als Erstes die Aktivitäten der Hände ins Auge. Der überwiegende Teil gebärdensprachlicher Lexeme wird mit Hilfe der Hände artikuliert, die sogenannten **Gebärden**. Aber Gebärdensprache besteht aus viel mehr als aus den manuellen Zeichen. **Bewegungen des Oberkörpers**, **des Kopfes**, **die Mimik** und **die Blickrichtung** und **die Mundbewegungen** haben ebenfalls einen wesentlichen Anteil am Lexikon und der Grammatik der Gebärdensprache. Mit der Orientierung des Oberkörpers wird zum Beispiel angezeigt, wer zu wem spricht. Ein leicht geneigter Kopf mit gleichzeitig erhobenen Augenbrauen signalisiert, dass es sich bei einer entsprechend begleiteten Phrase um einen Konditionalsatz handelt. Die Mimik verrät je nach Stellung der Augenbrauen, ob der Gebärdensprachnutzer gerade eine genuine oder doch eher eine rhetorische Frage stellt. Adverbiale Informationen lassen sich an den Lippen oder an der Mimik ablesen. Allein diese grobe Skizzierung zeigt auf: Gebärdensprache ist weit mehr als nur Handzeichen.

Der physische Raum vor dem Oberkörper eines Gebärdensprachnutzers wird als **Gebärdenraum** bezeichnet. Ähnlich wie auf einer dreidimensionalen Bühne werden dort die einzelnen Gebärdenzeichen verortet, das heißt, an imaginäre Punkte in diesem Raum platziert und damit grammatikalisch sinnvoll zueinander in Bezug gesetzt.

Der Platz in diesem Buch reicht nicht aus, um die gesamte Grammatik der DGS zu erläutern. In den folgenden Abschnitten können wir deshalb die Komplexität der DGS-Grammatik lediglich an einigen Beispielen veranschaulichen: am systematischen Aufbau manueller Gebärdenzeichen, an der mimischen Markierung unterschiedlicher Satzarten, an der Bedeutung von Mundbewegungen und im Hinblick auf die Nutzung des Gebärdenraums. Für Interessierte verweisen wir am Ende dieses Kapitels auf weiterführende Literatur zur Grammatik der DGS und linguistischen Forschungen zu Gebärdensprachen.

Handzeichen: Sublexikalische Strukturen in DGS

Ähnlich wie einzelne Wörter gesprochener Sprachen in Laute zerlegt werden können, lassen sich auch in Gebärdensprachen einzelne Gebärdenzeichen in ihre unterschiedlichen Bausteine zerlegen. Gebärdenzeichen verfügen damit wie Wörter über eine sublexikalische (= unter der Wortebene) Struktur. Auch wenn, wie bereits angedeutet, in der Artikulation von Gebärden nicht nur die Hände, sondern auch der Oberkörper und das Gesicht zum Einsatz kommen, konzentrieren wir uns im Folgenden auf das auffallendste Element: die Hände.

Aus linguistischer Sicht, genauer gesagt aus phonologischer Sicht, lässt sich die manuelle Komponente einzelner Gebärdenzeichen anhand von vier Elementen bzw. Parametern näher beschreiben. Dazu gehören:

- die Handform,
- die Handstellung (auch Handorientierung genannt),
- die Ausführungsstelle und
- die Bewegung.

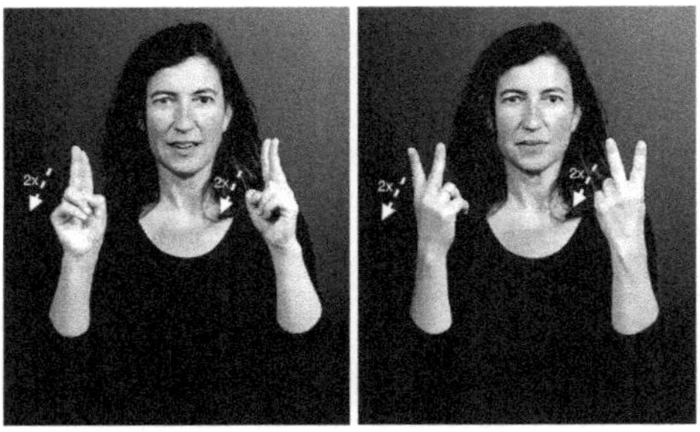

Abb. 3 Die DGS-Gebärden LEHRER (links) und WICHTIG (rechts)

Die DGS-Gebärde LEHRER (s. Abb. 3) lässt sich also folgendermaßen beschreiben:

- Handform: Die Hand bildet eine Faust, bei der Zeige- und Mittelfinger gerade ausgestreckt sind und ein V bilden (das sogenannte Victory- Zeichen).
- Handstellung: Die Handflächen zeigen zueinander.
- Ausführungsstelle: Die Gebärde wird im Gebärdenraum vor dem Oberkörper ausgeführt.
- Bewegung: Die Hände bewegen sich 2x zeitgleich und parallel zueinander vom Oberkörper weg nach vorne in den Gebärdenraum.

Die detaillierte Beschreibung von Gebärden anhand einzelner Parameter ist insofern relevant, als dass Abweichungen von jeweils nur einer dieser Komponenten dazu führen können, dass ein Gebärdenzeichen eine völlig andere Bedeutung erhält. So wie mit der Änderung einzelner Laute neue Wörter entstehen können (zum Beispiel *Haus* – *Maus*, *melden* – *melken*, *Hand* – *Hanf*), lassen sich durch die Veränderung nur eines manuellen Parameters neue Gebärdenzeichen bilden. Im Hinblick auf die Gebärde LEHRER bedeutet dies zum Beispiel, dass die Gebärde allein durch die Änderung der Handstellung eine Bedeutungsänderung erfährt. Ändert man lediglich die Ausrichtung der Handflächen dahingehend, dass diese nun zum Oberkörper des Gebärdenden zeigen, dann bedeutet die Gebärde WICHTIG (s. Abb. 3). An diesem Beispiel lässt sich erkennen, dass sich mit der Veränderung eines einzigen Parameters auch in Gebärdensprachen sogenannte Minimalpaare bilden lassen.

Einige Gebärden werden nur mit einer Hand, andere mit zwei Händen ausgeführt. Für die Ausführung einzelner Gebärden ist es egal, ob Gebärdensprachnutzer Links- oder Rechtshänder sind. Bei Ersteren werden die meisten (einhändigen) Gebärden eher mit links, bei Letzteren eher mit rechts manuell artikuliert. Inhaltlich macht **die Händigkeit** keinen Unterschied.

Auch wenn der menschliche Körper rein physisch betrachtet in der Lage ist, eine große Anzahl verschiedener Handformen zu artikulieren, so verfügt doch jede einzelne Gebärdensprache über ein limitiertes Komponenteninventar, das systematisch sprachlich ausgeschöpft wird. Von allen Handformen, die mit einer gesunden Hand physisch artikuliert werden können, lassen sich in DGS-Gebärden nur ca. 30 unterschiedliche identifizieren. Auch in dieser Hinsicht ähneln die Gebärdensprachen den Lautsprachen: Sie können aus einer begrenzten Anzahl von kleineren, bedeutungsunterscheidenden Einheiten eine unbegrenzte Anzahl von Gebärden bzw. Lexemen zusammenbauen.

Das konkrete Handforminventar unterscheidet sich je nach Gebärdensprache. Die Handform, die vielen als „der Mittelfinger" bekannt sein dürfte, findet man zum Beispiel nicht in DGS. Interessanterweise gehört sie jedoch zum phonemischen Inventar der Britischen Gebärdensprache (British Sign Language, BSL), wo sie u. a. in den Gebärdenzeichen für HOLIDAY (Urlaub) oder auch MOCK (verspotten) auftaucht. Dieses Phänomen ist aus dem Vergleich unterschiedlicher Lautsprachen bekannt. Auch wenn Sprecher prinzipiell unendlich viele unterschiedliche Laute produzieren können, so lässt sich doch in jeder Lautsprache nur ein begrenztes Inventar an Phonemen (= bedeutungsunterscheidenden Lauten) identifizieren.

Tatsächlich sprechen Linguisten bei räumlich-visuellen Sprachen ebenfalls von Phonemen, auch wenn der Ursprung dieses Fachausdrucks (Phon = gr. Laut, Ton, Stimme) eigentlich nichts mit Gebärdensprachen zu tun hat. Der Grund ist, dass die kleinsten bedeutungsunterscheidenden Einheiten in Gebärdensprachen und Lautsprachen die gleichen Funktionen im Sprachsystem übernehmen.

Gesichtserkennung: grammatische Mimik

Obwohl DGS häufig in erster Linie als die Sprache der Hände wahrgenommen wird, lässt sich ein großer Anteil der in ihren Äußerungen transportierten Inhalte und Bedeutungen primär am Gesicht des Gebärdensprachnutzenden ablesen. Die Vielzahl unterschiedlicher mimischer Ausdrücke hat dabei aus grammatischer Sicht System und wird zum Beispiel zur eindeutigen Markierung unterschiedlicher Satzarten verwendet.

Die Augenbrauen können unterschiedliche Positionen einnehmen: Entweder sind sie hochgezogen, neutral/entspannt oder leicht zusammengezogen. Je nachdem, wie diese Mimik nun satzbegleitend eingesetzt wird, lässt sich erkennen, was die erzählende Person mitteilen möchte. Aussagesätze werden von einem entspannten (unmarkierten) Gesichtsausdruck begleitet. Typisch für Ja/Nein-Fragen sind die hochgezogenen Augenbrauen. In der Regel erfolgt dies in Kombination mit einem leicht nach vorne geneigten Kopf und weit geöffneten Augen. Bei Was-Fragen oder auch Befehlen dagegen gehen die Augenbrauen nach unten. Die gleiche Gebärdenabfolge kann je nach mimischer Begleitung damit sehr unterschiedliche Bedeutungen haben.

Darüber hinaus werden topikalisierende Satzteile – also solche, die im Satz hervorgehoben werden – mit gehobenen Augenbrauen markiert (s. Beispiel 1). Die Bedingungen in Konditionalsätzen werden dagegen mit einer Kombination aus gehobenen Augenbrauen und leicht geneigtem Kopf mimisch begleitet (s. Beispiel 2).

Beispiel 1: Topikalisierung in DGS

gehobene Augenbrauen

WETTER SONNENSCHEIN ICH LIEBE

„Was das Wetter angeht, liebe ich Sonnenschein."

Beispiel 2: Konditionalsatz in DGS

gehobene Augenbrauen + geneigter Kopf

SONNE SCHEINEN EINCREMEN

„Wenn die Sonne scheint, muss man sich eincremen."

Mimische Ausdrücke werden jedoch nicht nur zur eindeutigen Markierung unterschiedlicher Satz- und Fragearten verwendet, sondern liefern auch adverbiale Informationen. Aufgeblähte Wangen zeigen zum Beispiel an, dass die manuell dargestellte Person dick ist. Wird das gleiche manuelle Gebärdenzeichen jedoch mit zusammengezogenen Wangen artikuliert, wird angezeigt, dass die entsprechende Person eher schmal ist. Wird die Gebärde ARBEITEN mit leicht nach vorne geneigtem Kopf und einem aus leicht zusammengezogenen Augenbrauen und sichtbaren Zähnen komponierten Gesichtsausdruck begleitet, wird eine sehr intensive Tätigkeit beschrieben. Das Gegenteil (entspannt, locker) würde man annehmen, wäre der Kopf leicht nach hinten geneigt und die Lippen zum Kussmund geformt. Hätte der Protagonist allerdings den Kopf leicht zur Seite oder nach hinten geneigt, während die Zungenspitze seitlich aus dem leicht geöffneten Mund sichtbar ist, wäre dem Gesprächspartner klar, dass die Arbeit der Person, um die es gerade geht, eher unaufmerksam oder möglicherweise gar unbemüht durchgeführt wird.

Mundbewegungen: unterschiedliche Funktionen

Auf den ersten Blick könnte man den Eindruck gewinnen, dass beim Gebärden einzelner DGS-Zeichen die ihnen entsprechenden deutschen Wörter quasi parallel mitgesprochen werden. Ist dem tatsächlich so? Die Antwort lautet eindeutig: Jein. Mundbewegungen begleiten die manuellen Gebärden auf unterschiedliche Art und Weise und übernehmen damit verschiedene Funktionen. Aus linguistischer Sicht werden hier zwei verschiedene Phänomene voneinander unterschieden: Mundbilder und Mundgestiken.

Lautlos artikulierte deutsche Wörter, die in Begleitung manueller Gebärdenzeichen auftreten, nennt man **Mundbilder**. Dabei werden diese Wörter oft nur unvollständig artikuliert. Mundbilder werden manchmal auch Ablesewörter genannt.

Für DGS lässt sich feststellen, dass Mundbilder häufig in Begleitung von Nomen verwendet werden. So wird zum Beispiel zur Gebärde LEHRER (s. Abb. 1) das Wort ‚Lehrer' lautlos mitartikuliert. In Kombination von deiktischen Gebärden oder räumlich-darstellenden Gebärden findet man Mundbilder in DGS in der Regel nicht. Die Verwendung von Mundbildern aus der die Gebärdensprache umgebenden gesprochenen Mehrheitssprache ist ein geschicktes Verfahren, Bedeutung zu ergänzen oder das Verstehen einer Gebärde abzusichern. Die Kombination von zwei Zeichensystemen ist deshalb möglich, da in einer visuellen Sprache verschiedene Zeichen simultan verwendet werden können. Ein vergleichbares Phänomen gibt es in Lautsprachen nicht.

Mundgestiken haben im Gegensatz zu Mundbildern nichts mit der Lautsprache zu tun. Sie sind intrinsischer Teil gebärdensprachlicher Artikulation. Sie gehören zur Gesamtgestalt der Gebärde und können darum auch nicht weggelassen werden. Zur Mundgestik gehört zum Beispiel die herausgestreckte

Zunge in der Gebärde NEIDISCH-SEIN oder auch der Kussmund, der begleitend zu einer Tätigkeitsgebärde darauf hinweist, dass die Tätigkeit entspannt und locker ausgeführt wird.

Macht der Ton die Musik? Der akustische Ton, der manchmal in Kombination mit Mundbildern oder Mundgestiken produziert wird, wirkt auf Hörende gelegentlich befremdlich. Für gehörlose Gebärdensprachnutzer sind Laute aufgrund mangelnden Feedbacks (einfach ausgedrückt: wer nichts hört, hört sich auch selbst nicht) i. d. R. schwer zu kontrollieren. Rein inhaltlich bzw. für das Sprachverständnis an sich spielt der Ton natürlich absolut keine Rolle.

Grammatik in 3D: Gebärdenraum

Teil der grammatikalischen Komplexität der DGS ist auch die systematische Ausnutzung des Gebärdenraums. Zuvor hatten wir ja schon einmal angedeutet, dass man sich diesen Raum vor dem Oberkörper der gebärdenden Person in etwa wie eine imaginäre Bühne vorstellen kann, auf der einzelne Referenten zunächst verortet und dann durch entsprechende Bezüge, wie beispielsweise **räumlich orientierte Verben** (auch als Richtungsgebärden bezeichnet), miteinander verknüpft werden. Der Satz in Abb. 4 verdeutlicht dies.

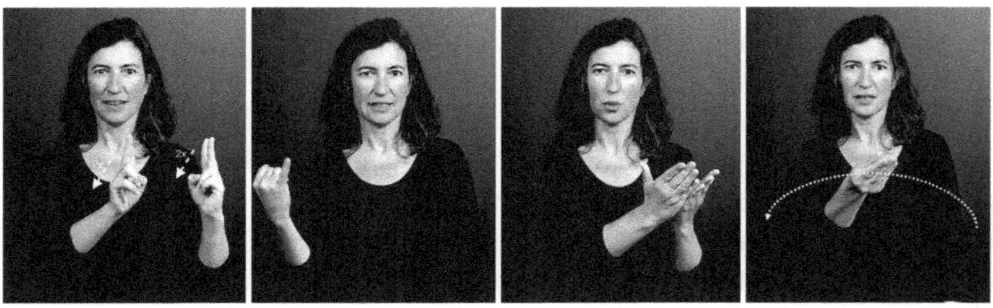

LEHRER$_x$ KIND$_y$ BUCH $_x$GEBEN$_y$

Abb. 4 „Der Lehrer gibt dem Kind das Buch."

Die grammatischen Informationen in diesem Satz stecken in erster Linie in der räumlichen Orientierung der Gebärde GEBEN. Je nach dem, wie nun die Gebärde GEBEN ausgeführt wird bzw. von welchem Raumpunkt x hin zu welchem Raumpunkt y, ist klar, wer hier wem das Buch gibt (das heißt wer Subjekt und wer Objekt ist). Wurde wie in Abb. 4 der LEHRER zunächst im linken Bereich des Gebärdenraums aus positioniert und das KIND auf der rechten Seite, ist es also aufgrund der Bewegungsrichtung der Gebärde GEBEN eindeutig, dass der Lehrer dem Kind das Buch gibt und nicht umgekehrt.

Nun ist es so, dass diese „Bühne“ nicht nur Bezüge auf einer Ebene abbildet, sondern tatsächlich als ein dreidimensionaler Raum verstanden werden muss. Das heißt neben der horizontalen gibt es die **vertikale Ebene**. Auf dieser kann angezeigt werden, in welchem Verhältnis bestimmte Referenten zueinander stehen. Dies kann sich auf physische oder aber durchaus auch auf soziale Merkmale beziehen. Haustiere sind i.d.R. kleiner als ihre Herrchen und werden darum in entsprechenden Konstellationen eher im unteren Bereich des Gebärdenraumes verortet. In ähnlicher Weise können auch soziale Beziehungen, zum Beispiel zwischen Lehrer und Schüler, räumlich markiert werden. Obwohl vielleicht der Schüler physisch mittlerweile größer als der Lehrer sein mag, kann das soziale Gefälle auch hier über eine entsprechende räumliche Zuordnung abgebildet werden.

Eine dritte Dimension des Raumes lässt sich an sogenannten **Zeitachsen** festmachen. Grundsätzlich lässt sich in vielen Gebärdensprachen der Welt nachweisen, dass es so etwas wie eine imaginäre Zeitachse gibt, die von hinten durch den Oberkörper des Erzählenden nach vorne geht. Hier werden Bezüge in die Vergangenheit durch eine nach hinten gerichtete Bewegung etabliert. In gleicher Weise wird Zukünftiges tendentiell eher nach vorne gebärdet. Sehr anschaulich lässt sich dies anhand der DGS-Gebärden für GESTERN und MORGEN ablesen (s. Abb. 5).

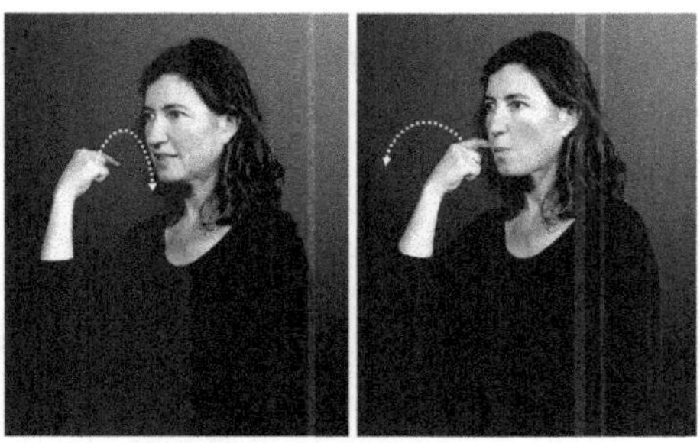

Abb. 5 GESTERN (links) und MORGEN (rechts)

Die Logik dahinter erschließt sich in unserem Kulturkreis schnell: Vergangenes liegt hinter uns, Zukünftiges liegt vor uns. Interessanterweise wird genau diese Logik aber beispielsweise in der Gebärdensprache der Maya-Indianer oder auch in der Brazilian Cities Sign Language in genau umgekehrter Weise versprachlicht. Ausgehend von der Perspektive in diesem Kulturkreis, dass man Vergangenes klar vor sich sieht, während Zukünftiges noch verborgen und deshalb nicht sichtbar ist, wird hier diese Zeitachse gegensätzlich, aber auf eine Art durchaus mindestens genauso logisch bespielt (vgl. Jacobowitz & Stokoe 1988; Sauer u. a. 1997). Dieses Beispiel zeigt, dass trotz aller Bildhaftigkeit das grammatische System der Gebärdensprache konventionalisiert ist.

Neben der räumlichen Orientierung und der damit verbundenen grammatischen Bedeutung kann die Ausführung der Gebärde GEBEN in Abb. 4 übrigens noch weitere zusätzliche Informationen enthalten. Die Handform gibt zum Beispiel Aufschluss darüber, ob es sich eher um ein sehr dickes oder ein dünnes Buch handelt, und an der Ausführungsbewegung und der begleitenden Mimik (s. o.) können wir erkennen, ob das Buch eher zaghaft überreicht oder nebenbei „hingeschleudert“ wird. Dieses Beispiel zeigt, wie komplex und vielfältig die grammatischen Möglichkeiten der Deutschen Gebärdensprache sind.

Fragen an die Deutsche Gebärdensprache

Es ist in diesem Buch nicht der Platz, um die gesamte Grammatik der DGS darzustellen. Menschen, die Gebärdensprachen bislang noch nicht kennen, stellen aber oft ähnliche Fragen, von denen wir an dieser Stelle einige kurz beantworten möchten:

1. Gibt es verschiedene Wortarten?

Wie in gesprochenen Sprachen gibt es auch in DGS Nomen, Verben, Adjektive, Pronomen etc. Einzelne Kategorien lassen sich noch einmal zum Beispiel hinsichtlich ihrer unterschiedlichen Flexionsmöglichkeiten unterteilen.

- Bei **Verben** wird zum Beispiel unterschieden zwischen
  a) einfachen Verben: in der Regel nicht räumlich flektiert, oft körpergebunden (zum Beispiel KENNEN: Die flache Hand klopft zweimal leicht an die Stirn)
  b) Kongruenzverben: bezeichnen transitive Handlungen und können räumlich flektiert werden, erfordern ein Subjekt und mindestens ein Objekt (zum Beispiel GEBEN: s. Abb. 4)
  c) Raumverben: Anfangs- und/oder Endposition stimmen mit dem Ausgangs- und/oder Zielort einer Handlung oder eines Vorgangs überein (zum Beispiel GEHEN: Zeigefinger und Mittelfinger ahmen Bewe-

gungen beim Gehen nach, wobei die Hand von einem Ort zu einem anderen Ort im Gebärdenraum bewegt wird, s. auch SPRINGEN in Abb. 9, Kap. 4.1.2)

- **Personalpronomen** werden in DGS als Indexgebärde realisiert. Verweist die gebärdende Person auf sich selbst (ICH), tippt sie mit dem Zeigefinger auf ihren eigenen Brustkorb. Bei DU verweist sie mit dem Zeigefinger auf ihr Gegenüber. ER/SIE/ES werden ausgedrückt, indem mit dem Zeigefinger auf einen Punkt im Raum verwiesen wird, der sich rechts oder links von der gebärdenden Person befindet. Diese Gebärde enthält im Gegensatz zu den deutschen Personalpronomen für die dritte Person keine Informationen über das Geschlecht.
- **Adjektive** werden in DGS durch manuelle Lexeme realisiert. Dazu gehören beispielsweise SCHÖN (die Hand streicht über das Kinn) und NETT (die Hand streicht mit dem Handrücken über die Wange). **Adverbiale Informationen** hingegen werden häufig durch die Modifizierung von Verben ausgedrückt. Dies passiert unter anderem durch die entsprechende Anpassung der begleitenden Gesichtsmimik. Um auszudrücken, dass man konzentriert einen Film schaut, würde man gleichzeitig zur manuellen Artikulation der Gebärde SCHAUEN (ausgestreckter Zeige- und Mittelfinger zeigen von den Augen in den Raum) einen sehr fokussierten Gesichtsausdruck zeigen.

2. Gibt es Phrasen bzw. Wortgruppen, also beispielsweise ein Äquivalent zur Nominalphrase aus Kern und Attributen?

Ähnlich wie im Deutschen lassen sich auch in DGS Phrasen identifizieren. Der Satz in Abb. 4 lässt sich folgendermaßen erweitern (s. Beispiel 3):

Beispiel 3:

$[[\text{LEHRER } [\text{NETT}]_{AdjP}]_{NP}\ [[\text{KIND}]_{NP}\ [\text{BUCH } [\text{SCHÖN}]_{AdjP}]_{NP}\ [\text{GEBEN}]]_{VP}\ ]_{S}$

„Der nette Lehrer gibt dem Kind das schöne Buch."

[LEHRER NETT], [KIND] und [BUCH SCHÖN] sind jeweils Nominalphrasen (NP). Die Gebärden NETT und SCHÖN sind Adjektive, die jeweils ihre eigene Adjektivphrase (AdjP) bilden. Das Verb GEBEN bildet mit den Nominalphrasen [KIND] und [BUCH SCHÖN] eine komplexe Verbphrase (VP). Aus der Kombination der Verb- und Nominalphrasen ergibt sich der komplette Satz (S).

3. Gibt es so etwas wie Kasus?
Im Gegensatz zur deutschen Lautsprache weisen Nomen in DGS keine Kasusmarkierung auf. Kongruenzbeziehungen im Satz (zum Beispiel Subjekt und Objekt) werden in DGS oft räumlich markiert (s. Abb. 4).

4. Gibt es komplexe Satzstrukturen mit eingebetteten Sätzen bzw. Nebensätzen?
Eingebettete Nebensätze werden in DGS häufig nicht in erster Linie durch ihre Position im Satz, sondern vor allem durch ihre besondere Begleitmimik markiert. Wir können den Satz in Abb. 4 folgendermaßen erweitern:

Beispiel 4:

Kopf gebeugt, Stirn gerunzelt

LEHRER KENNEN DU KIND BUCH GEBEN

„Der Lehrer, den du kennst, hat dem Kind das Buch gegeben."

Die Gebärde KENNEN stellt hier einen zusätzlichen Kommentar zu LEHRER dar und entspricht einem Relativsatz im Deutschen. Diese Phrase wird durch einen leicht nach vorne gebeugten Kopf und gerunzelte Stirn grammatisch markiert.

5. Gibt es grammatische Kategorien, die der deutschen Sprache fehlen?
In DGS werden grammatische Kategorien zum Beispiel bei Verben verwendet, die das Deutsche in dieser Form nicht kennt. So kann die Bewegung einer Verbgebärde mehrfach wiederholt werden, um anzuzeigen, dass es sich um eine langandauernde Tätigkeit handelt (= Durativ). Der gleiche Inhalt muss im Deutschen lexikalisch ausgedrückt werden („Er hat lange gearbeitet."). Umgekehrt können im Deutschen Zeitverhältnisse u. a. durch Flexionen der Verben (= Tempus) ausgedrückt werden, was in DGS nicht möglich ist. In DGS werden für den Ausdruck von Zeitverhältnissen u. a. lexikalische Ausdrücke verwendet oder es werden Gebärden räumlich auf Zeitlinien angeordnet.

2.2.2 Variation in Gebärdensprachen

Wie wir im vorangegangenen Kapitel gesehen haben, sind Gebärdensprachen aus sprachsystematischer Sicht Lautsprachen ebenbürtig. Aber auch in funktionaler Hinsicht steht DGS keiner anderen Sprache nach. DGS lässt sich für alle Zwecke interaktiven, sprachbasierten Austausches einsetzen. Mit Gebärdensprachen kann nicht nur alles ausgedrückt werden, sondern auch diese räumlich-visuellen Sprachen werden - soziolinguistisch betrachtet - in ihren Ausdrucksformen von ähnlichen Faktoren beeinflusst, wie dies von Lautsprachen bekannt ist. Es gibt also in DGS sozial bedingte, systematische Variation, die davon abhängig ist, in welcher Situation, von wem, zu welchem Zeitpunkt (im historischen Sinne) und wo genau (das heißt in welcher Region) die Sprache verwendet wird. Es gibt also auch in DGS Dialekte und Soziolekte.

Fangen wir erst einmal mit den **Dialekten**, also mit regionaler Variation, an. Wie kommt es dazu, dass in Hamburg anders gebärdet wird als in München oder dass die DGS von in Leipzig aufgewachsenen gehörlosen Personen sich etwas von der DGS unterscheidet, die man bei in Köln sozialisierten Gehörlosen beobachten kann? Zunächst muss gesagt werden, dass die Unterschiede zwar deutlich wahrnehmbar sind, in der Regel allerdings - insbesondere für geübte DGS-Nutzer - keine wirkliche kommunikative Barriere darstellen. Regionale Unterschiede zeigen sich vorwiegend im Lexikon, wie bei der Bezeichnung einzelner Wochentage oder Farben. Aber auch aus der prozentualen Verteilung bestimmter Handformen lassen sich gelegentlich regionale Zuordnungen ableiten. So berichten Hillenmeyer & Tilmann (2012), dass in Sachsen auffallend viele Gebärden mit der U-Handform, in Bayern mit der Y-Handform und in Berlin wiederum mit der V-Handform artikuliert werden.

Was die Entstehung dieser regionalen Unterschiede angeht, wird davon ausgegangen, dass diese in einem engen Zusammenhang mit dem Bildungswesen zu sehen ist. Bis noch vor wenigen Jahren wurden gehörlose Kinder in Deutschland vorwiegend in speziellen Schulen für gehörlose Schüler unterrichtet. Diesen Schulen waren in der Regel auch Internate angeschlossen, in denen die Kinder untergebracht wurden, die von weiter her kamen und nicht täglich den Schulweg bewältigen konnten. Aufgrund des sozialen Gefüges in diesen Internaten ließ sich früher feststellen, dass Gebärdensprachdialekte - historisch betrachtet - häufig rund um einzelne Gehörlosenschulen entstanden. Regionale Variation wird immer Teil von Gebärdensprachen sein. Es bleibt jedoch abzuwarten, ob sich mit zunehmender inklusiver Beschulung gehörloser Kinder in allgemeinbildenden Schulen möglicherweise andere Dialektzentren herausbilden werden (Eichmann & Rosenstock 2014).

Verschiedene situative Unterschiede in der Verwendung von DGS führen zu unterschiedlichen **Registern**, das heißt zu einem Spektrum unterschiedlicher Formalitätsgrade, die von sehr formell bis sehr informell reichen. Insgesamt gibt es dazu noch wenig Forschung, aber recht gut und für eine Reihe von Gebärdensprachen ist inzwischen auch wissenschaftlich belegt, dass in formellen Kontexten, beispielsweise bei einem Vortrag, eher klarer artikuliert, der Gebärdenraum in seiner Gesamtausdehnung deutlicher genutzt und damit insgesamt „größer“ gebärdet wird. In informelleren gebärdensprachlichen Interaktionen kann bei Zweihandgebärden schon mal eine Hand wegfallen, die Bewegungen fallen oft kleiner aus, es wird also manuell eher „genuschelt“. Auch gebärdensprachlich flüstern kann man übrigens ganz wunderbar, indem einzelne Gebärden sehr klein und nur für den bestimmten Adressaten sichtbar ausgeführt werden.

Wie auch bei Lautsprachen vollzieht sich in DGS im Laufe der Zeit **sprachlicher Wandel.** Manchmal „einfach so“, weil sich natürliche Sprachen eben weiterentwickeln. Beispielhaft lässt sich dies an der Beschreibung für die Gebärde BÄCKER darstellen, die 1834 von Carl Gottlob Reich folgendermaßen beschrieben wurde:

> „Der Bäcker. Man ahmt mit aufgestreiften Hemdärmeln daß Kneten nach, zeigt weiß an den Kleidern und giebt daß Zeichen für Mann.“ (Reich 1834:72)

Ganz grob lässt sich aus dieser Beschreibung ableiten, dass die Gebärde aus vier Teilen bestand: Tätigkeit (kneten) + Farbe (weiß) + Kleidung + Mann. Wie auch immer sie im Detail ausgeführt wurde, lässt sich heute nicht eindeutig feststellen. Die Beschreibung lässt jedoch erahnen, dass die Gebärde vor knapp 180 Jahren recht komplex artikuliert wurde. Heutzutage ist in der Gebärde BÄCKER von dieser Komplexität lediglich noch das Nachahmen des Teigknetens mit den Händen zu erkennen. Die Gebärdenausführung wurde also im Laufe der Zeit stark reduziert. Als direkter Auslöser für diese sprachliche Änderung lässt sich hier kein direkter außersprachlicher Anstoß identifizieren. Darum wird eher davon ausgegangen, dass sich diese Art der Verknappung auf sprachinterne Mechanismen wie zum Beispiel Ökonomisierungstendenzen zurückführen lässt.

Da natürliche Sprachen aber immer auch sozialen Wandel spiegeln, gibt es manchmal auch sprachexterne Faktoren, die dazu führen, dass sich Gebärdenzeichen ändern. An der Gebärde für HANDY lässt sich das sehr schön ablesen.

Während bei etwas veralteten Ausführungsformen der Zeigefinger noch die abstehende Antenne abbildet, erkennt man in neueren Gebärden vor allem die praktische Handhabung moderner Smartphones. Hier liegt der Grund für die Veränderung des Gebärdenzeichens also in erster Linie in der technischen Weiterentwicklung – und dem damit einhergehenden veränderten äußeren Erscheinungsbild – von mobilen Telefonen.

Auch soziale Gruppen innerhalb der Gebärdensprachgemeinschaft unterscheiden sich in ihrer Sprachpraxis voneinander, so dass sich auch in DGS verschiedene **Soziolekte** identifizieren lassen. Jugendliche DGS-Nutzer kommunizieren in Teilen anders miteinander, als dies bei eher älteren Personen der Fall ist. So greifen jüngere DGS-Nutzer häufiger auf das Fingeralphabet zurück, während die gebärdensprachliche Kommunikation älterer DGS-Nutzer deutlicher von lautsprachlichen Elementen, wie zum Beispiel Mundbildern, geprägt ist. Nicht zuletzt gibt es erste Hinweise darauf, dass sich soziale Variation in Gebärdensprachen möglicherweise auch an anderen Faktoren wie Geschlecht bzw. sexuelle Orientierung, ethnischer Hintergrund, religiöse Zugehörigkeit oder auch sozio-ökonomische Position festmachen lässt. Speziell im Hinblick auf DGS verweisen Hillenmeyer & Tilmann (2012) auf erste Beobachtungen. Um auf gesichertes Wissen zurückgreifen zu können, besteht hier allerdings noch Forschungsbedarf.

2.3 Etwas Besonderes: Internationale Kommunikation

Obwohl wir zu Beginn des Kapitels schon angedeutet haben, dass Gebärdensprachen nicht international sein können, ist jedoch nicht von der Hand zu weisen, dass sie für Gebärdensprachnutzer in gewisser Hinsicht das Potential bieten, sich international leichter zu verständigen, als dies für Personen der Fall ist, die nur über Kenntnisse ihrer eigenen Lautsprache verfügen. Dies liegt an der Tatsache, dass räumlich-visuelle Sprachen über ein hohes bildliches, das heißt ikonisches Potential und zum Teil vergleichbare räumliche grammatische Strukturen verfügen. Das heißt in gewisser Weise ist es typisch, dass beispielsweise Gebärden, die etwas mit Nahrungsaufnahme zu tun haben, in der Mundregion ausgeführt, kognitive Prozesse (wie denken, träumen etc.) dagegen tendentiell eher im oberen Kopfbereich artikuliert werden.

Auch sind Strukturen der räumlichen Grammatik, das heißt Systematiken, wie Bezüge einzelner Referenten zueinander etabliert werden, in verschiedenen

– wenn auch nicht in allen – Gebärdensprachen durchaus vergleichbar. Diese augenscheinlichen Ähnlichkeiten mögen dazu verleiten anzunehmen, internationale Verständigung sei kein Problem, und bis zu einem bestimmten Punkt ist dies für sehr gewandte Gebärdensprachnutzer auch der Fall. Aber sobald es um abstrakte, nicht direkt körper-verankerte oder kulturell unabhängig abbildbare Konzepte geht, ist es selbst für extrem varietätenkompetente Gebärdensprachnutzer schwierig, ohne Missverständnisse zu kommunizieren. Darum werden in internationalen bzw. sprachübergreifenden Kontexten seit einigen Jahren gezielt Dolmetscher eingesetzt, die in mehreren Gebärdensprachen kompetent sind und entsprechend zwischen den einzelnen Sprachen dolmetschen können.

Apropos internationale Kommunikation: Auch bei Gebärdensprachen gibt es übrigens sogenannte „falsche Freunde". Hier sind es Gebärden, die auf den ersten Blick sehr ähnlich aussehen, in der jeweiligen Sprache jedoch etwas völlig anderes bedeuten. So sieht die manuelle Komponente der schottischen Gebärde CONSTRUCTION der britischen Gebärde SEX und der amerikanischen Gebärde COCA-COLA extrem ähnlich und der Gruß GOOD MORNING in der Britischen Gebärdensprache könnte aufgrund seiner Ausführung in den USA fälschlicherweise als anzügliches Kompliment (= „schöne Brüste") missverstanden werden.

2.4 Gebärdensprachen schreiben

Auf den ersten Blick ist es schwer vorstellbar, dass sich Gebärdensprachen schriftlich fixieren lassen. In der Tat hat sich bislang noch keine Gebrauchsschrift durchsetzen können, mit der für die alltägliche Kommunikation gebärdensprachliche Zeichen aufgeschrieben werden. Anders ausgedrückt: Der klassische Einkaufszettel wird von gehörlosen Personen in Deutschland i. d. R. auf Deutsch verfasst. Es gibt nichtsdestotrotz diverse Transkriptionssysteme, mit denen sich Gebärdenzeichen auf Papier bringen lassen. Dazu zählen u. a. das Hamburger Notationssystem (HamNoSys, Prillwitz u. a. 1989) oder auch die Stokoe-Notation (Stokoe u. a. 1965). Diese Systeme sind allerdings sehr komplex und finden vorwiegend im Forschungskontext zur linguistischen Analyse gebärdensprachlicher Strukturen ihre Anwendung.

Nicht nur für Lernende im DGS-Unterricht wäre es sehr praktisch, wenn Gebärdensprache möglichst einfach schriftlich festgehalten werden könnte. Seit einigen Jahren wird darum das Sutton Sign Writing, wie das System im Original und in Anlehnung an seine Erfinderin heißt (Sutton 1995), auch in Deutschland von einigen wenigen Lehrern und ihren Schülern als Gebärdenschrift eingesetzt (www.gebaerdenschrift.de [abgerufen am 03.12.2018]). Es handelt sich dabei um ein recht bildhaftes Schriftsystem, das sich allerdings an deutschen Schulen bislang noch nicht durchsetzen konnte. Stattdessen verwenden Lehrer oft bei Tafelanschrieben oder auf Arbeitsblättern sogenannte Glossen, um grammatische Unterschiede zwischen der deutschen Schriftsprache und der Deutschen Gebärdensprache in Form einer schriftlichen Fixierung zu verdeutlichen. Bei Glossen werden deutsche Wörter in Großbuchstaben geschrieben, um zu zeigen, dass es sich um eine Gebärde handelt. Glossen werden häufig um weitere Zeichen ergänzt, um zum Beispiel auf die räumliche Ausrichtung einer Gebärde zu verweisen. Dieses Glossensystems bedienen wir uns auch in diesem Buch, um gebärdensprachliche Beispiele zu verdeutlichen (s. zum Beispiel Abb. 4).

Alternativ zu o. g. Strategien und Systemen, Gebärdensprachen schriftlich zu fixieren, ist es heutzutage technisch problemlos möglich, gebärdensprachliche Äußerungen zu filmen und sie auf diese Weise, ähnlich wie schriftliche Texte, zu fixieren und zu konservieren. Dieses Verfahren, das auch mediales Gebärden genannt wird, ermöglicht es, gebärdete Texte unabhängig von direkten Face-to-face-Interaktionen zu rezipieren.

Mediales Gebärden bezeichnet gebärdensprachliche Texte, die in Form von Videos oder Fotos fixiert sind. Es kann sich dabei um unterschiedliche Textsorten wie zum Beispiel Sachtexte, Erzählungen oder Dialoge handeln.

An mediales Gebärden werden die gleichen Ansprüche gestellt wie an einen Text in geschriebenem Deutsch: Der Text muss unabhängig vom Äußerungskontext von den Rezipienten verstanden werden können. Dadurch müssen ggf. mehr Informationen gegeben und eine elaboriertere Sprache verwendet werden als in der direkten Kommunikation. Auch wenn es technisch anders realisiert wird, kann mediales Gebärden also genauso „konzeptionell schriftlich“ sein (Koch & Oesterreicher 1985) wie ein in Deutsch geschriebener Text. In Abb. 6 sind noch einmal die verschiedenen Sprachen und ihre Formen zusammengefasst.

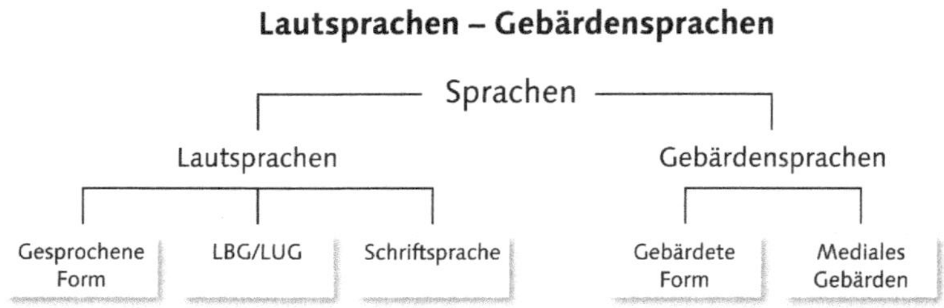

Abb. 6 Laut- und Gebärdensprachen, in Anlehnung an Audeoud u. a. (2016:5)
LBG: Lautsprachbegleitende Gebärden, LUG: Lautsprachunterstützende Gebärden

2.5 Aufgaben

1. Recherchieren Sie mit Ihren Schülern die Fingeralphabete der Deutschen, der Amerikanischen und Britischen Gebärdensprache. Betrachten Sie diese genauer. Worin liegen ihre Unterschiede?
2. Auf der Webseite des EU-geförderten Projektes „SignOn!“ (www.sign-on.eu [abgerufen am 03.12.2018]) finden Sie einen Englischkurs für gehörlose Gebärdensprachnutzer. Schöner Nebeneffekt: Sie können sich die englischen Texte auf sieben verschiedenen Gebärdensprachen anschauen. Stöbern Sie ein wenig in den Clips, um ein Gefühl dafür zu bekommen, wie sehr sich europäische Gebärdensprachen voneinander unterscheiden.
3. Recherchieren Sie auf www.youtube.de die ABC-Story „Im Zug“ von Jürgen Endress (2004). Quelle: https://www.youtube.com/watch?v=hr1EOZv5oVE [abgerufen am 03.12.2018] Halten Sie beim Betrachten eine Abbildung des Fingeralphabets der DGS parat. Lassen Sie den Clip zunächst auf sich wirken. Erkennen Sie, worum es geht? Achten Sie beim zweiten Anschauen auf die verwendeten Handformen. Können Sie erkennen, wie der Künstler das Fingeralphabet kreativ einsetzt?

2.6 Weiterführende Literatur

Als gute Einführung in die Gebärdensprache und ihre Erforschung empfehlen wir das gleichnamige Buch von Penny Boyes Braem 1995. Wer sich darüber hinaus noch etwas umfassender mit sprachwissenschaftlichen und anwendungsbezogenen Perspektiven zur Deutschen Gebärdensprache beschäftigen möchte, wird in dem Handbuch von Eichmann u. a. 2012, bei Steinbach 2007,

Pfau u. a. 2012 oder auch in den Kapiteln zur Gebärdensprache in Domahs & Primus 2016 fündig. Interessante Studien über geschlechtsspezifische Unterschiede in der Irischen Gebärdensprache bieten LeMaster & Dwyer 1991. Wer sich für Black ASL interessiert, wird bei McCaskill u. a. 2011 fündig. Aktuelle Themen rund um Gebärdensprachen und Gehörlosengemeinschaft werden in der im Signum Verlag erscheinenden Fachzeitschrift „Das Zeichen“ behandelt. Wer ganz praktisch erste Erfahrungen in DGS sammeln möchte, kann dies auf www.gebaerdenlernen.de [abgerufen am 03.12.2018] oder auf www.spreadthesign.com [abgerufen am 03.12.2018] tun.

3 Bimodale Mehrsprachigkeit

Ziele

Kinder, die eine oder mehrere Laut- und Gebärdensprachen lernen, wachsen mehrsprachig auf. In diesem Kapitel wird deshalb erklärt, was bimodale Mehrsprachigkeit bedeutet und welche Zugänge hörgeschädigte Kinder zu Laut- und Gebärdensprachen haben. Für alle Kinder ist dabei vor allem wichtig, dass sie in der frühen Kindheit mindestens eine Erstsprache erwerben. Wir erläutern in diesem Kapitel die Gründe hierfür, erklären, warum der frühe Erstspracherwerb bei hörgeschädigten Kindern gefährdet sein kann und zeigen, dass eine frühe mehrsprachige Erziehung und Bildung mit einer Laut- und einer Gebärdensprache ein Sicherheitsnetz insbesondere für hochgradig hörgeschädigte bzw. gehörlose Kinder ist.

3.1 Mehrsprachigkeit mit Laut- und Gebärdensprachen

Hörgeschädigte Menschen, die eine Gebärdensprache beherrschen, verwenden in den meisten Fällen in ihrem Alltag auch mindestens eine Lautsprache in gesprochener und/oder geschriebener Form. So kann es zum Beispiel sein, dass sie in ihrer Familie gebärdensprachlich kommunizieren, die Zeitung in geschriebenem Deutsch lesen und bei einer Bestellung beim Bäcker Deutsch sprechen. Bereits im ersten Lebensjahr werden hörgeschädigte Kinder in Deutschland in der Regel mit Hörgeräten oder Cochlea Implantaten versorgt und im Rahmen der Frühförderung beim Hören und Sprechen gefördert. Spätestens in der Schule erlernen sie, wie auch hörende Kinder, die deutsche Schriftsprache. Außerdem lernen sie möglicherweise durch ihre Eltern, in der Frühförderung oder die Schule DGS. Darüber hinaus kommen in der Schule weitere Sprachen wie zum Beispiel Englisch oder je nach Angebot auch weitere Gebärdensprachen dazu. Viele hörgeschädigte Kinder wachsen schon allein deshalb in einer mehrsprachigen Umgebung auf. Dazu kann natürlich auch noch kommen, dass in ihren Familien weitere Herkunftssprachen verwendet werden.

Wir bezeichnen Menschen als **mehrsprachig**, die mindestens zwei Sprachen in ihrem Alltag lernen und verwenden.

Bimodale Mehrsprachigkeit bedeutet, dass es sich um eine Mehrsprachigkeit mit einer Gebärdensprache und einer Lautsprache handelt. Lautsprachen werden in der gesprochenen Form akustisch und Gebärdensprachen visuell wahrgenommen. Beide Sprachen werden also in unterschiedlichen Modalitäten realisiert. Es wird synonym auch der Terminus bimodaler Bilingualismus verwendet (Becker u. a. 2017:60 f.).

Mehrsprachige Menschen verfügen über Kompetenzen in mehreren Sprachen, wobei diese allerdings nicht immer in gleichem Maße ausgeprägt sein müssen. Der Begriff Mehrsprachigkeit findet darum hier auch dann Anwendung, wenn nicht alle Sprachen auf Erstsprachniveau beherrscht werden.

Ein Blick auf die Sprachbiographien hörgeschädigter Menschen zeigt, dass sie sehr **unterschiedliche Zugänge zu Laut- und Gebärdensprachen** haben (s. Kap. 4.2 und 5.2). Viele verfügen über Hörreste und profitieren gut von der Hörtechnologie, so dass sie in ihrer Kindheit gesprochene Sprache auf einem natürlichen Weg erwerben und auch an lautsprachlichen Gesprächen zum Beispiel mit Unterstützung von Hörhilfen teilnehmen können. Sie lernen dann Gebärdensprache – wenn überhaupt – erst in der Schule. In diesem Fall kann es sein, dass sie die Lautsprache als ihre Erst- bzw. Muttersprache empfinden und Gebärdensprache für sie den Status einer Zweit- oder Fremdsprache hat. Andere wiederum lernen Gebärdensprache sehr früh, zum Beispiel von ihren Eltern oder in der Frühförderung und im Kindergarten. Diesen Personen fällt möglicherweise der Erwerb der Lautsprache aufgrund der Hörschädigung schwer. Sie identifizieren sich deshalb mit der Gebärdensprachgemeinschaft und bezeichnen die Gebärdensprache als ihre Erstsprache und die Lautsprache als Zweitsprache.

Nicht nur hörgeschädigte Menschen können bimodal mehrsprachig sein, sondern selbstverständlich auch hörende Kinder und Erwachsene. So kann es sein, dass hörende Kinder von ihren gehörlosen Eltern neben einer Lautsprache auch eine Gebärdensprache erwerben. Darüber hinaus gibt es hörende Kinder, die gemeinsam mit hörgeschädigten Kindern eine Klasse besuchen und dadurch die Gebärdensprache lernen und im Alltag benutzen. Hörende Erwachsene beginnen beispielsweise aufgrund von privaten oder beruflichen Kontakten zu hörgeschädigten Menschen oder einfach auch nur aus Interesse eine Gebärdensprache zu lernen und zu verwenden.

Mehrsprachige Menschen können **unterschiedliche Präferenzen** haben und **ihre Sprachen in verschiedenen Lebenssituationen und zu verschiedenen Zwecken verwenden.** So kann es zum Beispiel sein, dass eine hörgeschädigte Schülerin Leseaufgaben mit deutschen Texten mühelos bewältigt, für die Kommunikation in der Klasse aber lieber auf Gebärdensprache zurückgreift, da das Verstehen von gesprochenem Deutsch in Gruppen sie auch trotz verwendeter Hörtechnologie überfordert. Ein anderer Schüler verfügt vielleicht über sehr gute Gebärdensprachkenntnisse und kann sehr eloquent in DGS einen Vortrag halten, hat aber Schwierigkeiten beim Lesen und Schreiben, da sein Wortschatz im Deutschen noch klein ist oder ihm die Grammatik aufgrund des erschwerten Zugangs zur gesprochenen Sprache schwerfällt.

Eine bimodale Zwei- oder Mehrsprachigkeit unterscheidet sich nicht wesentlich von einer Mehrsprachigkeit mit verschiedenen Lautsprachen. Durch die Bimodalität kommt es allerdings zu **besonderen Formen der Vermischung**, die in der Kommunikation verwendet werden können. Im Gegensatz zu zwei Lautsprachen können nämlich Laut- und Gebärdensprachen teilweise gleichzeitig produziert werden. Eine Form davon ist das Lautsprachbegleitende Gebärden (LBG, s. Kap. 2.1). LBG kann bewusst eingesetzt werden, wenn eine Person Hörreste hat, lautsprachlich orientiert ist und die Unterstützung durch Gebärden eine zusätzliche visuelle Hilfe beim Verstehen von gesprochenem Deutsch ist. Im Deutschunterricht kann LBG auch dazu dienen, die Struktur eines deutschen Satzes für hörgeschädigte Schüler sichtbar zu machen. Es kann aber auch sein, dass (hörende) Menschen, die bereits eine Lautsprache beherrschen und eine Gebärdensprache neu lernen, in der Kommunikation teilweise LBG verwenden, weil ihre Gebärdensprachkenntnisse noch nicht ausreichen und es deshalb zu einer Form der Sprachvermischung zwischen deutscher Grammatik und DGS-Grammatik kommt, wie wir das auch bei einer lautsprachlichen Mehrsprachigkeit kennen. Hörgeschädigte Menschen wenden manchmal auch deshalb LBG an, damit hörende Menschen sie besser verstehen.

3.2 Jede Sprachbiographie ist anders

Eine bimodale Mehrsprachigkeit kann aufgrund des unterschiedlichen Zugangs zu den Sprachen auf verschiedenen Wegen erworben werden. Viele Faktoren können dabei den Spracherwerb beeinflussen:

- Wann beginnen die Kinder, eine Sprache zu erlernen und mit welcher Intensität haben sie Kontakt zu der jeweiligen Sprache?
- Von welchen Personen bekommen sie Zugang zu den Sprachen?
- In welcher Form lernen die Kinder eine Sprache (gesteuert im Unterricht oder ungesteuert/natürlich in der Kommunikation mit anderen Menschen)?

Kinder gehörloser Eltern, die Gebärdensprache zur Kommunikation verwenden, lernen diese auf natürlichem Wege von Geburt an (s. Kap. 4.1). In diesem Fall erwerben sie DGS als ihre Erstsprache. Deutsch oder auch andere Lautsprachen lernen sie früh über andere hörende Familienmitglieder, Freunde, Nachbarn und in der Frühförderung, im Kindergarten und in der Schule als eine weitere Erst- oder Zweitsprache.

Die meisten hörgeschädigten Kinder haben hörende Eltern, die in der Regel bei der Geburt des Kindes keine Gebärdensprache beherrschen und – sofern sie sich dafür entscheiden – sie auch selbst erst lernen müssen. Diese Eltern sind deshalb zwar sprachliche Vorbilder für die Lautsprache, aber je nach Kompetenzen, die sie erlernen, nur eingeschränkt für die Gebärdensprache. Grundsätzlich können Kinder Gebärdensprache auf sehr unterschiedlichen Wegen lernen: Möglicherweise kommt eine Frühförderin einmal in der Woche in die Familie, um den Eltern und dem Kind Gebärdensprache beizubringen oder im Kindergarten verwenden andere Kinder und/oder Erzieher Gebärdensprache. In der Schule gibt es gehörlose und/oder hörende Lehrer und Mitschüler, die Gebärdensprache im Unterricht als Kommunikationsmittel verwenden. Manchmal können hörgeschädigte Kinder auch das Fach DGS in einer Schule belegen und so DGS gezielt erlernen bzw. vertiefen sowie metasprachliche Kompetenzen für DGS erwerben. Da in Deutschland aber längst nicht alle Lehrkräfte DGS auf hohem Niveau beherrschen, es relativ wenig gehörlose Lehrkräfte gibt und auch nicht flächendeckend das Unterrichtsfach DGS angeboten wird, kann der Zugang zur Gebärdensprache sehr unterschiedlich ausfallen.

Im Gegensatz zu DGS lernen die meisten gehörlosen Kinder Deutsch von ihren hörenden Eltern und Familienmitgliedern. Spätestens in der Frühförderung wird Hören und Sprechen gefördert, im Kindergarten und in der Schule wird intensiv Deutsch in gesprochener und geschriebener Form gefördert.

Da aufgrund der Hörschädigung der Zugang zu einer gesprochenen Sprache und – aufgrund des Mangels an gebärdensprachkompetenten Erwachsenen – oft auch der Zugang zu einer Gebärdensprache erschwert ist, kann es in beiden

Sprachen zu Erwerbsverzögerungen kommen. In den Fällen, in denen ein hörgeschädigtes Kind weder Deutsch noch DGS in einem altersangemessenen Zeitraum erlernt hat, ist es notwendig, dass in der Schule altersangemessene Sprachkompetenzen in einer oder in beiden Sprachen aufgebaut werden.

Aufgrund des unterschiedlichen Zugangs zu den Sprachen und der unterschiedlichen Kompetenzen gibt es Kinder, bei denen die Gebärdensprache die dominante Sprache ist, andere Kinder, die vornehmlich lautsprachlich kommunizieren, und Kinder, die beide Sprachen gleich einsetzen. In Abb. 7 sind die unterschiedlichen Sprachprofile hörgeschädigter Menschen schematisch zusammengefasst.

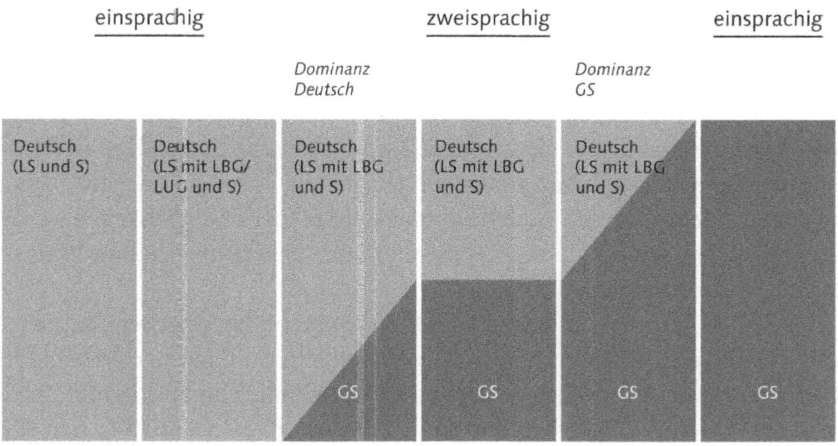

GS: Gebärdensprache, LS: Lautsprache, S: Schriftsprache, LBG: Lautsprachbegleitende Gebärden, LUG: Lautsprachunterstützende Gebärden

Abb. 7 Unterschiedliche Sprachprofile hörgeschädigter Menschen, aus: Audeoud u. a. (2016:6)

Sprachbiographien, Kompetenzen und Vorlieben bezogen auf die verschiedenen Sprachen können sich bei hörgeschädigten Menschen sehr unterscheiden. So ist es in jedem pädagogischen Kontext sinnvoll, sich die individuellen Sprachprofile der Schüler anzuschauen und die pädagogische Arbeit entsprechend darauf auszurichten. Dabei sollte berücksichtigt werden, dass die Präferenzen für die Sprachen sich im Laufe des Lebens verändern können. Faktoren dafür sind zum Beispiel zunehmende Kompetenzen in den Sprachen, aber es spielt oft auch eine Rolle, wie wohl sich jemand mit der jeweiligen Sprache fühlt und wie die Umgebung die verschiedenen Sprachen akzeptiert.

3.3 Auf den frühen Erstspracherwerb kommt es an

Egal, ob Kinder früh eine Lautsprache oder eine Gebärdensprache erwerben, sie lernen sowohl den Wortschatz als auch die Grammatik ganz natürlich und nebenbei. Voraussetzung ist dafür, dass sie ausreichend Input in den Sprachen bekommen und die Wahrnehmung der jeweiligen Sprache (akustisch/visuell) nicht eingeschränkt ist. Die Neurolinguistik hat sowohl für Laut- als auch für Gebärdensprachen belegt, was wir aus unserer Alltagserfahrung schon wissen: Kinder lernen Sprachen spielend und sehr viel einfacher als Erwachsene (vgl. zum Beispiel Hänel-Faulhaber 2012). Dies hängt mit der Plastizität des Zentralnervensystems zusammen. Damit ist das Potential des menschlichen Gehirns gemeint, Verbindungen zwischen einzelnen Nervenzellen auszubilden und zu etablieren. Dieses ist bei Kindern verhältnismäßig stark ausgeprägt, nimmt jedoch mit zunehmendem Lebensalter ab bzw. verändert sich. Zentral ist dabei, dass Kinder möglichst früh mindestens eine Sprache, ihre Erstsprache, erwerben. Die ersten vier Lebensjahre sind dafür sehr prägend. Je mehr das Kind mit sprachlichen Reizen aus der Umgebung konfrontiert wird, also je mehr sprachlichen Input Kinder bekommen, desto mehr Möglichkeiten werden geschaffen, dass neuronale Verbindungen in den Spracharealen zum Wachsen stimuliert werden können.

Der frühe Erwerb mindestens einer Erstsprache ist entscheidend, da es dieses Grundgerüsts bedarf, um weitere sprachliche Systeme zu erlernen. Eine altersangemessen entwickelte Erstsprache dient nämlich als Sprungbrett in alle weiteren Sprachen: Über den Erwerb des Wortschatzes erschließen sich Kinder Bedeutungen und Wissen, an das bei dem Erlernen eines Lexikons einer neuen Sprache angedockt werden kann. Außerdem erfolgt der Erwerb des grammatischen Systems einer weiteren (Zweit-)Sprache zum Teil im Rückgriff auf das System der Erstsprache. So werden neue sprachliche Regeln mit bereits bekannten immer wieder abgeglichen. Je komplexer also das grammatische System der Erstsprache im lernenden Kind etabliert ist, desto einfacher fällt es, grammatische Systeme anderer Sprachen zu meistern. Dazu kommt, dass ein Kind, das in einer Sprache zum Beispiel schon gelernt hat, eine spannende Geschichte zu erzählen, zu argumentieren oder jemandem etwas zu erklären, diese pragmatischen Kompetenzen auch auf neu zu lernende Sprachen übertragen kann.

Es spielt dabei keine Rolle, ob es sich bei der Erstsprache um eine Laut- oder eine Gebärdensprache handelt. Wichtig ist lediglich, dass ein solides Sprachfundament in der frühen Kindheit angelegt wurde. Das bedeutet, dass Kinder, die als Erstsprache früh eine Gebärdensprache gelernt haben, eine gute Basis mitbringen, um die ggf. schwerer zu erlernende Laut- und Schriftsprache zu erlernen. Das gilt natürlich auch umgekehrt: Kinder, die eine gesprochene Sprache als Erstsprache gelernt haben, können darauf wunderbar eine Gebärdensprache als weitere Sprache aufbauen.

Ein früher, erfolgreicher Erstspracherwerb ist auch deshalb so wichtig, da verschiedene Bereiche der kognitiven und sozial-emotionalen Entwicklung an den Spracherwerb gebunden sind. Kinder, die verzögert oder nur eingeschränkt eine Erstsprache erwerben, sind deshalb zusätzlich dem Risiko ausgesetzt, auch in anderen Entwicklungsbereichen zurückzubleiben. Dies sei hier an einem Beispiel erläutert: Aufgrund von geringeren, nicht altersangemessen entwickelten Sprachkompetenzen können Kinder zum Beispiel weniger an Gesprächen mit anderen Menschen teilhaben. Sie lernen nicht oder erst sehr verzögert, dass andere Menschen andere Wünsche, anderes Wissen oder andere Absichten haben können, denn dies erfahren sie vor allem erst im sprachlichen Austausch mit möglichst vielen Personen. Die Konsequenz kann sein, dass sie sich deshalb schlechter in andere Menschen hineinversetzen können, was wiederum die Konfliktlösung im Falle eines Streits erschwert.

Hörgeschädigtenpädagogen haben sich in der Vergangenheit immer wieder um die richtige „Methode“ der Sprachbildung hörgeschädigter Kinder gestritten und tun dies zum Teil auch heute noch. Eine Fraktion geht davon aus, dass hörgeschädigte Kinder zunächst die Lautsprache erwerben sollen. Eine Gebärdensprache sollten sie – wenn überhaupt – erst dann lernen, wenn in der späteren Kindheit offensichtlich ist, dass der Erwerb der Lautsprache nicht oder nur verzögert gelungen ist. Es besteht u. a. die Sorge bei Vertretern dieser Fraktion, dass – wird dem Kind sehr früh bereits eine Gebärdensprache angeboten – es sich auf diese konzentriere und eine Lautsprache nicht mehr lerne.

Eine solche Empfehlung kann sich allerdings tragisch auswirken: Ist das (hochgradig) hörgeschädigte Kind auch trotz hörtechnischer Versorgung sensorisch nicht oder nur eingeschränkt in der Lage, Lautsprache in allen Situationen vollumfänglich zu erfassen, fällt es ihm wesentlich schwerer, diese ungehindert ganz nebenbei zu erlernen. Somit besteht das Risiko, dass es für den Lautspracherwerb wesentlich mehr Zeit benötigt und in seinen Kompetenzen im Vergleich zu hörenden Gleichaltrigen weit zurückbleibt. Der späte Erstspracherwerb kann sich dann wiederum auch verzögernd auf den Erwerb aller weiteren Sprachen in der späteren Kindheit oder im Jugendalter auswirken.

Darüber hinaus gilt diese Theorie mittlerweile wissenschaftlich als überholt. Wir wissen auch aus der Forschung zum Erwerb (bimodaler) Mehrsprachigkeit, dass Kinder von Geburt an grundsätzlich in der Lage sind, mühelos nicht nur eine, sondern zwei oder drei Sprachen als Erstsprachen gleichzeitig zu lernen (vgl. zum Beispiel Petitto u. a. 2001 und Tracy 2008 sowie LinguS Band. 10). Deshalb plädieren heute immer mehr Hörgeschädigtenpädagogen für eine bimodal-bilinguale Sprachbildung von Anfang an. Das bedeutet, dass zumindest hochgradig hörgeschädigten und gehörlosen Kindern so früh wie möglich sowohl eine Lautsprache als auch eine Gebärdensprache angeboten wird, mit dem Ziel, dass sie mindestens eine der beiden Sprachen altersangemessen erwerben können. Ein frühes bilinguales Angebot bietet ihnen somit ein wichtiges Sicherheitsnetz für die sprachliche und die gesamte weitere Entwicklung (s. Kap. 6).

LBG ist kein guter Kompromiss! Zum Schluss noch ein wichtiger Hinweis: In der Hörgeschädigtenpädagogik wird auch immer wieder diskutiert, ob LBG (s. Kap. 2.1) nicht eine Kompromisslösung sein und eine Gebärdensprache im frühen Spracherwerb ersetzen könne. Dies ist aber unter anderem aus folgenden Gründen nicht möglich und sinnvoll: Erstens kann mit LBG zwar ein Wortschatz aufgebaut werden, aber es wird keine Grammatik vollständig erworben. Für das vollständige Verstehen von gesprochenem Deutsch mit LBG müssen ausreichend Hörreste vorhanden sein, damit auch die Grammatik der gesprochenen Sprache verstanden wird (es werden mit LBG in der Regel keine Flexionen gebärdet). Reicht das Gehör dafür nicht aus, um zum Beispiel gesprochene Flexionen wahrzunehmen, gehen Sinnzusammenhänge in Sätzen verloren und das Grammatiksystem des gesprochenen Deutsch kann nicht vollständig erlernt werden. LBG spiegelt auch nicht das Grammatiksystem einer Gebärdensprache wider und nutzt zum Beispiel nicht die räumliche Grammatik der Gebärdensprache (s. Kap. 2.2.1). Das bedeutet, dass über LBG die Grammatik der DGS ebenfalls nicht vollständig erworben werden kann.

Zweitens benötigt LBG mehr Produktionszeit als gesprochenes Deutsch oder DGS. LBG folgt der sequentiellen Anordnung der gesprochenen Wörter des Deutschen, aber es wird mehr Zeit für die Produktion einer Gebärde benötigt als für das Aussprechen eines Wortes. LBG verzögert damit den Sprechfluss oder es können zeitgleich nur ausgewählte Wörter des gesprochenen Satzes abgebildet werden. In DGS wird dieser Zeitfaktor wieder wettgemacht, da DGS das visuelle Medium ausnutzt und verschiedene (grammatische) Informationen gleichzeitig produziert (zum Beispiel Mimik und die räumliche Position der Gebärde, s. Kap. 2.2.1).

3.4 Aufgaben

1. Welche Fragen könnten Sie Eltern und/oder hörgeschädigten Schülern stellen, um mehr über die jeweilige Sprachbiographie zu erfahren?
2. Ein früher Erstspracherwerb ist für die gesamte Entwicklung eines Kindes von zentraler Bedeutung. Überlegen Sie, an welchen Verhaltensweisen Sie im Unterricht möglicherweise erkennen, dass ein hörgeschädigtes Kind nicht über altersangemessene Kompetenzen in einer Erstsprache (oder auch mehreren Erstsprachen) verfügt.

3.5 Weiterführende Literatur

Gute Einführungen, wie Kinder mit mehreren Sprachen aufwachsen, geben Tracy 2008 und Brehmer & Mehlhorn 2018 (LinguS Band. 4). Wenn Sie sich tiefgehender mit bimodaler Mehrsprachigkeit hörgeschädigter Kinder befassen möchten, empfehlen wir Ihnen die Sammelbände „Sign Bilingualism“ von Plaza-Pust & Morales-López 2008 und „Bilingualism and Deaf Education“ von Marschark u. a. 2014. In Becker 2014 finden Sie außerdem eine Übersicht über den aktuellen Forschungsstand in deutscher Sprache.

4 Wie wird Deutsche Gebärdensprache erworben?

Ziele

Im folgenden Kapitel zeigen wir, wie Kinder eine Gebärdensprache erlernen, wenn diese ihnen als Erstsprache im häuslichen Umfeld auf natürliche Weise zugänglich gemacht wird. Zentrales Anliegen ist dabei zu vermitteln, dass natürlicher Gebärdenspracherwerb zwar einerseits eine komplexe Angelegenheit ist, sich andererseits aber im Wesentlichen nicht vom Lautspracherwerb unterscheidet. Darüber hinaus werden wir kurz darauf eingehen, wie es Kinder prägt, wenn sie erst später, zum Beispiel bei Schuleintritt, Gebärdensprache erlernen. Vor diesem Hintergrund geben wir anschließend Tipps für die gebärdensprachliche Bildung hörgeschädigter Kinder.

4.1 Gebärdenspracherwerb

Wenn wir vom gebärdensprachlichen Erstspracherwerb bzw. „nativem" Gebärdenspracherwerb reden, beziehen wir uns ausschließlich auf Kinder, die in ihrer häuslichen Umgebung vollen Zugang zu einer Gebärdensprache wie DGS bekommen, weil diese die Sprache des Umfelds darstellt. Das heißt, dass Eltern oder andere Erziehungsberechtigte im Miteinander eine Gebärdensprache benutzen und diese auch gemeinsam mit dem Kind verwenden. Dabei handelt es sich dabei nur um einen geringen Prozentsatz gehörloser Kinder, die in solch einem gebärdensprachlichen Umfeld aufwachsen. Nichtsdestotrotz soll es im Folgenden zunächst um diesen Sonderfall gehen, weil er zeigt, wie der natürliche Gebärdenspracherwerb funktioniert, was wiederum eine wichtige Basis für weiterführende didaktische Überlegungen darstellt.

Für die Sprachwissenschaft ist übrigens die Erforschung des frühen nativen Gebärdenspracherwerbs von besonderem Interesse, da anhand des Vergleichs des Laut- und Gebärdenspracherwerbs untersucht werden kann, welche Schritte bzw. Aspekte des Spracherwerbs durch die jeweilige Sprachform (visuelle versus akustische Sprachmodalität) beeinflusst werden und welche für alle Kinder gelten und damit ggf. auch universell Gültigkeit haben.

Bei der Gebärdenspracherwerbsforschung handelt es sich um eine junge Wissenschaftsdisziplin. Die größte Anzahl von Forschungsarbeiten zum Gebärdenspracherwerb stammen aus dem US-amerikanischen Raum und beziehen sich auf die Amerikanische Gebärdensprache. Zur Deutschen Gebärdensprache gibt es bislang noch vergleichsweise wenig Forschung. Da aber die Aspekte, die wir hier erwähnen, sowohl in der Amerikanischen als auch in der Deutschen Gebärdensprache vorkommen, wird in der einschlägigen Fachliteratur davon ausgegangen, dass sich daraus für den DGS-Erwerb entsprechende Entwicklungsschritte ableiten lassen (vgl. Abb 8). Wenn Kinder eine Gebärdensprache als ihre Erstsprache auf natürliche Art und Weise in der frühen Kindheit erwerben, durchlaufen sie ähnliche Entwicklungsstufen wie hörende Kinder, die eine gesprochene Sprache lernen. Auch wenden sie unbewusst vergleichbare Erwerbsstrategien an. Im Folgenden werden deshalb einzelne Entwicklungsschritte kurz beschrieben und einige Erwerbsstrategien skizziert.

4.1.1 Phasen des Gebärdenspracherwerbs

Alter	Lautsprache	Gebärdensprache
	Artikulieren von Lauten sowie Bewegungen von Händen und Armen	
ca. 0;6	Vokales Lallen (Produktion von Lauten und Lautkombinationen der Lautsprache)	Manuelles Lallen (Produktion von Handformen und rhythmischen Bewegungen der Gebärdensprache)
ca. 0;10	Erste (Zeige-)Gesten	
ca. 1;0	Erste Wörter	Erste Gebärden
ca. 1;6	Zwei-Wort-Äußerungen	Zwei-Gebärden-Äußerungen
ca. 2;0	Drei- und Mehrwort-Äußerungen	Drei- und Mehrgebärden-Äußerungen
Bis ins Schulalter	Erwerb komplexer grammatischer Strukturen, Erweiterung des Wortschatzes und Ausbau pragmatischer Kompetenzen	Erwerb komplexer grammatischer Strukturen, Erweiterung des Wortschatzes und Ausbau pragmatischer Kompetenzen

Abb. 8 Entwicklungsstufen im frühen Laut- und Gebärdenspracherwerb

Im ersten Jahr: vorlexikalisches Entdecken

Aus der Lautspracherwerbsforschung wissen wir, dass Babys relativ früh, das heißt mit ca. 6 Monaten anfangen, ihren Artikulationstrakt auszuprobieren. Es wird gelallt, gegurrt und gebrabbelt. Je nach Feedback der Umgebung, beispielsweise durch ermutigende Kommentare der Bezugspersonen, werden einzelne artikulatorische Expressionen intensiviert. Nach und nach schränken sich hörende Babys dabei auf die Laute und Silben der Sprache ihrer Bezugspersonen ein und beginnen damit, sich das Lautsystem der sie umgebenden Sprache anzueignen. Auch gehörlose Kinder durchlaufen die erste Phase des Lallens. Aufgrund mangelnden akustischen Feedbacks hören sie aber irgendwann auf und kommen nicht ohne externe Unterstützung in den zweiten Erwerbsschritt, bei dem sie das Lautinventar der sie umgebenden Lautsprache lernen.

Gleichzeitig entdecken in dieser Zeit hörende und hörgeschädigte Babys ihre Hände und fangen an, diese bewusster wahrzunehmen bzw. visuell anzusteuern. Ermutigende visuelle Reize, zum Beispiel ermutigende Gesten von den gehörlosen Eltern, erfüllen hier eine ähnliche Funktion, wie wenn hörende Eltern ganz beglückt und entzückt die vorsprachlichen Laute ihrer Babys kommentieren. Nach und nach schränken sich die Babys, die einen gebärdensprachlichen Input bekommen, in ihrem manuellen Lallen auf die Handformen und die rhythmischen Bewegungen der sie umgebenden Gebärdensprache ein. Sie beginnen damit, die phonologischen Grundelemente der Gebärdensprache zu erwerben (s. Kap. 2.2). Während sich also in dieser frühen Phase natürlich noch keine konkreten Wörter oder bildhafte Gebärden ausmachen lassen, lässt sich doch feststellen, dass Kinder anfangen, den akustischen respektive visuellen Rhythmus der Umgebungssprache einzufangen.

Ab 12 Monaten: erste Wörter und Gebärden

Mit ca. 10 Monaten fangen hörende und hörgeschädigte Kinder an, auf anwesende Objekte und Personen zu zeigen und dabei verschiedene Gesten zu benutzen. Ein Telefon wird beispielsweise mit einer an das Ohr gehaltenen Faust angedeutet.

Im Alter von ca. 11 bis 21 Monaten lässt sich das gezielte Zeigen bei hörenden Kindern weiterhin beobachten. Bei gehörlosen Kindern dagegen scheint das Zeigen auf Personen mit der Zeit rückläufig zu sein. Stattdessen fangen sie an, für bestimmte Personen konkrete Gebärden (zum Beispiel MAMA) zu verwenden.

Da auch hörende Kinder schon Gesten benutzen, bevor sie die ersten Wörter sprechen, hatte man zunächst geglaubt, dass Kinder Gebärden schneller lernen als Wörter. Dies hat sich wissenschaftlich allerdings nicht bestätigt, denn es ist notwendig, erste Gesten von ersten Gebärden zu unterscheiden: Man spricht erst dann davon, dass eine vollwertige Gebärde erworben wurde, wenn das

Kind sie in unterschiedlichen Kontexten verwenden kann. Das heißt, aus Sicht der Sprachentwicklung muss der Gebrauch einer Gebärde einen sogenannten Dekontextualisierungsprozess durchlaufen haben. Dieser lässt sich anhand von vier Faktoren als erfolgreich abgeschlossen einstufen (vgl. Volterra 1987), wenn:

- eine Gebärde auf abwesende Denotate (= Inhalte eines Zeichens) verweist,
- sie für unterschiedliche Denotate einer Klasse verwendet wird,
- sie in Kombination mit anderen sprachlichen Zeichen auftritt und
- in unterschiedlichen Zusammenhängen auf gleiche Denotate verweist.

Sind diese Bedingungen erfüllt, kann man davon ausgehen, dass es sich bei dem artikulierten Handzeichen nicht einfach um eine vorsprachliche Geste, sondern tatsächlich um eine vollwertige Gebärde handelt.

Diese Differenzierung ist hilfreich, weil auf den ersten Blick Gesten häufig ähnlich aussehen wie Gebärden. Der Unterschied liegt in ihrer Verwendung und folglich darin, ob Kinder die entsprechenden Zeichen in ihrem Sprachsystem etabliert haben. Während Gesten sich dadurch auszeichnen, dass sie kontextgebunden sind, haben Gebärden den oben skizzierten Dekontextualisierungs-Prozess durchlaufen. Das heißt, dass man von einer Geste dann sprechen würde, wenn das Handzeichen SCHAF immer nur dann artikuliert wird, sobald das Lieblingskinderbuch auf Seite drei aufgeschlagen wird, auf der ein Schaf abgebildet ist. Wird das gleiche Handzeichen später von dem Kind auch dann verwendet, wenn es zum Beispiel ein Schaf auf einer Wiese sieht, dann ist dies ein Hinweis darauf, dass das Kind die Gebärde SCHAF nun als vollwertige Gebärde erworben hat. Ähnliches passiert übrigens auch im Lautspracherwerb, wo man ebenfalls zwischen vorsprachlichen Gesten bzw. Vokalisierungen und Wörtern unterscheidet.

Diese Beobachtungen belegen, dass alle Kinder – ungeachtet ihres Hörstatus und der Umgebungssprache – sprachliche Gesten verwenden, bevor diese in ihrem Sprachgebrauch als vollwertige Sprachzeichen etabliert sind. Hörende Kinder sprechen übrigens etwa zum gleichen Zeitpunkt ihre ersten Wörter, wie gehörlose Kinder erste Gebärden artikulieren. In beiden Fällen passiert dieser Entwicklungsschritt in etwa im Alter von 12 Monaten.

Ab 18 Monaten: Beginn des syntaktischen Prinzips

Im Alter von ca. 18 Monaten setzt das sogenannte syntaktische Prinzip ein. Das bedeutet, dass hörende, Lautsprache lernende Kinder anfangen, Zwei-Wort-

Sätze zu bilden. In gleicher Weise fangen auch gehörlose, Gebärdensprache lernende Kinder an, einzelne Gebärden miteinander zu kombinieren. Diese **Zwei-Wort-Sätze bzw. Zwei-Gebärden-Sätze** zeichnen sich durch einen sogenannten Telegrammstil aus: Es gibt kaum Deklinationen und Konjugationen. Verben werden vorwiegend im Infinitiv verwendet, Nomen nicht richtig flektiert. Diese Phase kennzeichnet also den Übergang zwischen einer allgemeinen kommunikativen Fähigkeit hin zur Beherrschung eines konkreten grammatischen Systems.

Um in das Zwei-Wort- bzw. Zwei-Gebärden-Stadium zu gelangen, bedarf es entsprechenden sprachlichen Inputs. Interessanterweise lässt sich hier beobachten, dass hörende Kinder, die möglicherweise zwar über einen gewissen Gebärdenschatz verfügen, aber grundsätzlich mit Lautsprache sozialisiert werden, in der Regel keine Zwei-Gebärden-Sätze bilden. Daraus lässt sich ableiten, dass ab dieser Entwicklungsstufe die Sprache der Umgebung bzw. die Sprache, die dem Kind voll zugänglich ist, eine entscheidende Rolle im Spracherwerb spielt. Während die Benutzung einzelner sprachlicher Symbole vom Sprachmodus der Umgebung unabhängig ist, erfolgt der Erwerb der Fähigkeit, einzelne Zeichen zu kombinieren, in Abhängigkeit der jeweiligen Umgebungssprache, aus welcher der sprachliche Input bezogen wird.

ICH bin DU? Ungefähr im Alter von 22 bis 23 Monaten treten bei manchen hörenden und gehörlosen Kindern sogenannte Pronominalverwechslungsfehler auf. Diese sind ebenfalls ein wichtiger Hinweis, dass das Kind Gesten nicht mehr bildhaft, sondern als sprachliche Zeichen verwendet. Die „Fehler" bestehen darin, dass Kinder das gesprochene bzw. gebärdete ‚Du' der Erwachsenensprache verwenden, um auf sich selbst zu referenzieren. Das hörende Kind verwendet das Wort ‚Du', um von sich zu sprechen, das gehörlose Kind verweist mit dem ausgestreckten Zeigefinger auf sein Gegenüber (DU), meint dabei aber sich selbst. Dabei spielt es keine Rolle, wie oft das Kind korrigiert wird. Wie kommt es zu dieser Verwechslung? Die Mutter zeigt auf das Kind und gebärdet DU. Das Kind lernt: Wenn die Gebärde DU ausgeführt wird, bin ich gemeint. Ergo, wenn ich über mich selber spreche, dann muss ich die Gebärde DU verwenden. Das Gleiche passiert im Grunde genommen auch bei Lautsprache lernenden Kindern.

Natürlich laufen einzelne Sprachlernprozesse unbewusst ab. Fehler wie die DU-ICH-Verwechslung lassen allerdings darauf schließen, dass sich nicht nur auf der lexikalischen Ebene, sondern auch im Erwerb des Pronominalsystems eine Art Dekontextualisierung vollzieht. Das Sprache lernende Kind sucht permanent nach Gesetzmäßigkeiten, stellt Hypothesen auf, verallgemeinert erworbene Regeln (dabei treten gelegentlich Übergeneralisierungsfehler auf), lernt dann die „Ausnahmen" und schärft damit die Regeln wieder.

Dabei wird die **Grammatik sowohl in Laut- als auch in Gebärdensprachen in einzelnen Schritten** erworben. Dies lässt sich am Beispiel des Erwerbs der gebärdensprachlichen Mimik verdeutlichen: Wie in Kap. 2.2.1 bereits erwähnt, spielt die Mimik in der Gebärdensprache eine entscheidende Rolle, da sie zur grammatikalischen Markierung eingesetzt wird. Bei Entscheidungsfragen, also bei Ja/Nein-Fragen, sind Kinder bereits im zweiten Lebensjahr in der Lage, die entsprechende grammatikalische Mimik korrekt einzusetzen: Sie ziehen die Augenbrauen hoch. Interessanterweise scheint sich die korrekte Fragemimik in dieser Entwicklungsstufe auf diesen bestimmten Fragetyp zu beschränken. Obwohl in der Erwachsenen-DGS das Hochziehen der Augenbrauen auch in anderen Bereichen eingesetzt wird, zum Beispiel in der Topikalisierung oder zur Markierung von Konditionalsätzen, werden diese Zusammenhänge erst später erworben.

Bei W-Frage-Konstruktionen, die Kinder mit ca. 18 Monaten erwerben, lässt sich schön beobachten, dass zunächst nur eine manuelle Markierung erfolgt. Das heißt, Kinder verwenden die entsprechenden Frage-Gebärden: WIE, WO, WAS. Die grammatikalisch korrekte mimische Markierung, das typische Stirnrunzeln, kommt erst später hinzu. Die Tatsache, dass Kinder zunächst manuelle und erst später mimische Aspekte erwerben, ist möglicherweise eine Frage der Rückkopplung: Was mit den Händen passiert, lässt sich schnell über visuelles Feedback erfassen und ggf. kontrollieren. Der kontrollierte Einsatz von Gesichtsmimik erfordert dagegen eine muskuläre Rückkopplung, die schwieriger und darum erst später zu erwerben ist.

Ab 24 Monaten: komplexere Sätze

Mit ca. 2 Jahren weist die Sprachkompetenz von Kindern eine recht ausgeprägte Komplexität auf. Kinder beginnen, erste grammatische Mehrwortkonstruktionen zu verwenden und zeigen damit an, dass sie – grammatikalisch betrachtet – das von ihnen erworbene Sprachsystem anhand ihrer Umgebungssprache kalibrieren. Personalpronomen werden nun korrekt verwendet. Kinder sind ebenfalls zunehmend in der Lage, Verben räumlich zu flektieren und sogenannte Richtungsverben (s. Kap. 2.2) auf anwesende Referenten korrekt auszuführen und beispielsweise solche Sätze zu bilden wie: $_{ich}$HELF$_{dir}$. (‚Ich helfe dir'). Ungefähr in dieser Entwicklungsphase lässt sich übrigens auch bei hörenden Kindern beobachten, dass der Telegrammstil in den Hintergrund tritt und sie anfangen, sich die Flexionsmorphologie der gesprochenen Sprache ihrer Umgebung anzueignen.

Ab 36 Monaten: räumliche Grammatik

Haben Kinder bis zum 3. Lebensjahr grammatikalische Grundstrukturen der Umgebungssprache im Wesentlichen verinnerlicht, beginnen sie nun, einzelsprachliche Besonderheiten zu verwenden. Bei hörenden Kindern zeigt sich dies unter anderem an der richtigen Wortstellung in komplexeren Sätzen. DGS-lernende Kinder zeigen anhand ihrer Äußerungen, dass sie syntaktische Zusammenhänge von manuellen und nicht-manuellen Komponenten in zunehmendem Maße korrekt darstellen können. Erkennbar ist dies beispielsweise an einer zunehmend differenzierteren Benutzung der Mimik. Zur grammatikalischen Markierung von Topikalisierungen wird die Stirn gerunzelt und in W-Fragen beginnen Kinder nun, das Frageelement mit gerunzelter Stirn zu untermalen. Konditionalsätze werden manuell gekennzeichnet (s. Kap. 2.2). Den Erwerb der dazu korrekterweise zu verwendenden grammatischen Begleitmimik (gehobene Augenbrauen) heben sich Kinder allerdings für einen späteren Zeitpunkt auf.

DGS-lernende Kinder fangen schon ab ca. 28 bzw. 32 Monaten an, Richtungsverben auf Abwesendes zu verwenden (vgl. Hänel-Faulhaber 2012). Gerade an der Verbverwendung zeigen Kinder, dass sie dabei sind, sich eine extrem komplexe Angelegenheit zu erobern: die grammatikalisch korrekte Nutzung des Gebärdenraumes.

Was passiert eigentlich im Kopf des Kindes – bzw. was muss im Kopf des Kindes passieren, damit es korrekt auf an- und abwesende Dinge, Personen, Konzepte im Gebärdenraum verweisen und diese Verortungen für grammatische Zwecke nutzen kann? Um dies überhaupt sprachlich leisten zu können, müssen Kinder zunächst das Konzept des Gebärdenraumes so weit verinnerlicht haben, dass sie entsprechenden Referenten Punkte in eben diesem zuordnen können. Nachdem sie diese räumlichen Anker „ausgeworfen", das heißt zum Beispiel mit Zeigegebärden im Gebärdenraum positioniert haben, müssen sie sich anschließend die einzelnen Stellen im Raum merken, um darauf mit einer weiteren Gebärde korrekt Bezug nehmen zu können. Hier ist es also einerseits erforderlich, dass die grammatische Funktion des physischen Raumes verstanden wird. Gleichzeitig ist auch vonnöten, dass Kinder über eine entsprechende räumlich-kognitive Kompetenz verfügen. Am Zusammenspiel dieser Aspekte zeigt sich Sprachkompetenz. Kognitive und sprachliche Entwicklungsprozesse müssen ineinandergreifen.

Während sich das Lexikon, also der Wortschatz, des einzelnen Sprachverwenders ein Leben lang erweitert, wird davon ausgegangen, dass der Erstspracherwerb sowohl bei Laut- als auch bei Gebärdensprachen im Wesentlichen bis zum achten Lebensjahr abgeschlossen ist. Dennoch gibt es einige grammatische Bereiche, die den Kindern auch danach noch schwerfallen und die sie erst zu einem späteren Zeitpunkt richtig beherrschen. Dazu gehört zum Beispiel bei Lautsprachen der Konjunktiv und in Gebärdensprachen die volle grammatische Ausnutzung des Gebärdensprachraums.

4.1.2 Erwerbsstrategien: Hilft Ikonizität beim Gebärdenspracherwerb?

Wenn man sich das ikonische Potential von Gebärdensprachen anschaut, könnte man schnell davon ausgehen, dass gerade in ihrer Bildhaftigkeit der Vorteil liegt, um räumlich-visuelle Sprachen zu erlernen. Allerdings scheint dieser vermeintliche Vorteil bei gehörlosen Kindern, die eine Gebärdensprache als Erstsprache erwerben, keine Rolle zu spielen. Im Wesentlichen lassen sich dafür zwei Gründe ausmachen. Zum einen hat das Erkennen von Bildern viel mit bereits erworbenem Weltwissen zu tun. Bei der DGS-Gebärde MILCH ahmen die beiden Fäuste vor dem Oberkörper die Bewegungen beim Melken nach. Um aber zu erkennen, dass die DGS-Gebärde für MILCH eine große Ähnlichkeit mit der Aktivität des Melkens aufweist, muss man wissen, wie – vor allem früher – Kühe gemolken werden bzw. wurden. So offensichtlich das hier abgebildete Zeichen aus Sicht erwachsener Lernender auch sein mag, kann davon bei einem Kleinkind nicht ausgegangen werden.

Zum anderen lernen Kinder Gebärdensprachen, wie oben bereits ausgeführt, tatsächlich nicht in Bildern, sondern eher in morphologischen Komponenten. Das heißt, Kinder sind quasi von Natur aus kleine Weltmeister im Zerlegen und wieder neu Aufbauen. Dies lässt sich anhand des Erwerbs komplexer Bewegungsverben wie der Gebärde SPRINGEN veranschaulichen. In dieser Gebärde wird eine Bogenbewegung zeitgleich mit einer Wegbewegung im Raum kombiniert. Betrachten wir mal nur das Verb SPRINGEN in dem Beispielsatz:

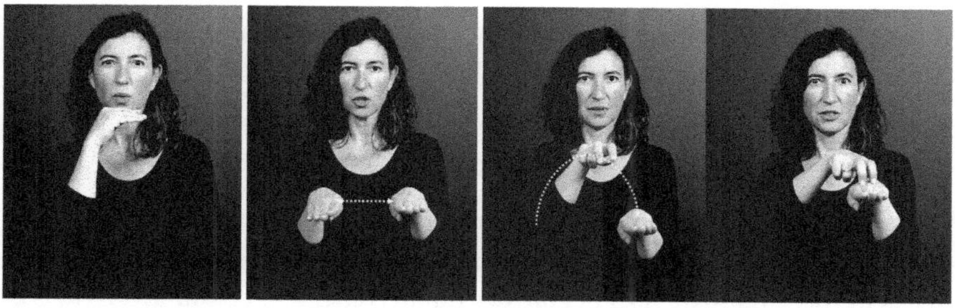

Abb. 9 „Der Hund springt auf den Tisch"

Die Gebärde SPRINGEN wird zum einen im Bogen ausgeführt. Dies zeigt, dass der Hund nicht langsam auf den Tisch klettert, sondern mit einem Satz auf ihn springt. Die Bewegungsrichtung des Verbs zeigt hier an, wer Subjekt (= Hund) und wer Objekt (= Tisch) ist. Hier haben Wissenschaftler die Beobachtung gemacht, dass Kinder, die mit der Amerikanischen Gebärdensprache als Erstsprache aufwachsen, zunächst nur die aktive Hand in einer Bogenform bewegen. In einem zweiten Entwicklungsschritt artikulieren sie eine Bogenbewegung, von einer Aufwärtsbewegung gefolgt wird. Erst in einem dritten Schritt sind sie in der Lage, beide Bewegungen miteinander zu kombinieren und somit die in diesem Kontext korrekte Ausführung der Gebärde zu artikulieren. Auf Grundlage solcher und ähnlicher Beobachtungen lässt sich schließen, dass die Kinder nicht das komplexe Bild an sich in seiner Gesamtheit kopieren, sondern es in unterschiedliche morphologische Komponenten zerlegen, um diese dann sukzessive wieder systematisch miteinander zu kombinieren (vgl. Newport & Supalla 1980 zit. nach Boyes Braem 1995).

Auch wenn er auf gehörlose Kinder nachgewiesenermaßen nicht zutrifft, ist die Frage nach dem Lernvorteil aufgrund der Bildhaftigkeit von Gebärdensprachen aber grundsätzlich gar nicht so abwegig. Dies ist insbesondere dann verständlich, wenn man bedenkt, dass diese Vorstellung häufig unter Personengruppen verbreitet ist, die selbst erst später Gebärdensprache erlernt haben. Aus der Zweitspracherwerbsforschung ist bekannt, dass Erwachsene tatsächlich andere Strategien anwenden, wenn sie Gebärdensprachen lernen, als gehörlose Kinder dies im Erstspracherwerb tun. Während Letztere jeglichen ihnen zugänglichen sprachlichen Input regelmäßig unbewusst dekonstruieren und systematisieren, scheinen bei Spätlernern noch andere Herangehensweisen eine

Rolle zu spielen. Dies betrifft u. a. das holistischere Erfassen und Wiedergeben der Gesamtgestalt einzelner Gebärden (vgl. Newport 1984).

4.2 Verschiedene Wege zum Gebärdenspracherwerb

Bisher haben wir uns primär damit befasst, wie es aussieht, wenn Kinder eine Gebärdensprache als Erstsprache natürlich und ungesteuert in der frühen Kindheit erwerben. Wir hatten zu Beginn des Kapitels ebenfalls erwähnt, dass dies in der Gebärdensprachgemeinschaft eine Ausnahme ist. Genau genommen trifft dies nur in etwa auf 5-10 Prozent gehörloser Kinder zu. Der weit überwiegende Teil der Sprachgemeinschaft kommt in der Regel erst auf Umwegen und häufig auch mit etwas Verspätung zur Gebärdensprache (s. Kap. 3.2). Mit anderen Worten, die meisten hörgeschädigten Kinder erleben die oben skizzierten Phasen des Erwerbs der Gebärdensprache als Erstsprache so in der Form nicht. Hier muss genau unterschieden werden, ob die Kinder bereits auf eine Erstsprache zurückgreifen können oder ob sie mit der Gebärdensprache - verspätet - ihre Erstsprache lernen.

Wenn hörgeschädigte Kinder oder Jugendliche bereits eine Lautsprache als Erstsprache gelernt haben, können sie auf diese beim Gebärdenspracherwerb aufbauen. In diesem Fall handelt es sich um einen **Zweitspracherwerb**. Sie wenden Strategien der Zweitsprachlerner an und können je nach Input, didaktischem Konzept und Motivation Gebärdensprache auf einem hohen Niveau erlernen.

Der **verzögerte Erwerb einer Gebärdensprache als Erstsprache** hat erfahrungsgemäß weitreichende Folgen (s. dazu auch Kap. 3.3). Beginnen Kinder erst später (zum Beispiel bei Schuleintritt) eine Gebärdensprache zu lernen, so zeigt sich eine größere Variabilität im Hinblick auf die unterschiedlichen Stadien und Erfolge des Gebärdenspracherwerbs. Während sich für den Erstspracherwerb typische Lernschritte konkreten und mit anderen Kindern vergleichbaren Phasen zuordnen lassen, ist dies bei sogenannten Spätlernern nicht immer der Fall.

Folgen des verzögerten Erstspracherwerbs zeigen sich unter anderem in der phonologischen und lexikalischen Sprachverarbeitung, für die spätlernende Gebärdensprachverwender mehr Zeit verwenden müssen als frühe Erstsprachlerner. Als Grund wird vermutet, dass die Automatisierung der Verarbeitung der formalen Gestalt früh mit dem Erstspracherwerb geschieht. Wird die erste Sprache allerdings erst sehr verzögert erworben, wird dieser Prozess nicht im gleichen Maße automatisiert und die Rezipienten benötigen mehr Energie für den Zugriff auf das mentale Lexikon. Unterschiede in der Sprachverarbeitungsleistung zeigen sich auch dann, wenn eine Person bereits viele Jahre aktiv Gebärdensprache verwendet. Der ausschlaggebende Faktor ist also gar nicht die Dauer der Sprachpraxis, sondern vor allem, ab wann, das heißt in welchem Lebensalter, die Gebärdensprache erworben wurde (vgl. zum Beispiel die Studien von Mayberry & Lock 2003).

Weltweit gibt es allerdings bislang nur wenig Forschung zu den Auswirkungen eines späten Erstspracherwerbs in Laut- und Gebärdensprachen. Auch gibt es vor allem wenig Forschung zu hilfreichen pädagogischen Maßnahmen. Wichtig ist deshalb, sich jeweils die individuellen Kompetenzen anzuschauen und das didaktische Vorgehen bei der Sprachbildung bzw. -förderung darauf abzustimmen.

4.3 Deutsche Gebärdensprache in der Schule fördern

Um eine Sprache auf einem hohen Niveau zu erwerben, bedarf es der Unterstützung in der Schule. Hörende deutschsprachige Schüler kommen in der Regel bereits mit hohen Deutschkompetenzen in die Schule. Trotzdem erhalten sie zu Recht mehrere Stunden pro Woche Deutschunterricht, in dem sie ihre sprachliche Handlungsfähigkeit verbessern sowie metasprachliches und literarisches Wissen erwerben. Darüber hinaus nehmen hörende Schüler im Alltag und in den anderen Unterrichtsfächern an vielfältigsten Interaktionen in der deutschen Sprache teil, lesen und hören in den verschiedenen Medien Deutsch und erweitern damit nebenbei ihren Wortschatz und ihre Ausdrucksfähigkeit.

Es bedarf gleicher Unterstützungsmaßnahmen in der Schule auch für die Kinder, die DGS erlernen. Es reicht nicht, die Verantwortung für einen erfolgreichen Gebärdenspracherwerb ausschließlich auf das Elternhaus oder die Frühförderung zu verschieben. Auch die Schule muss einen Beitrag leisten, damit hörgeschädigte Kinder nicht nur in Deutsch, sondern auch in DGS ein hohes Sprachniveau und metasprachliche Kompetenzen erreichen können. Dazu kommt, dass – wie oben schon gesagt – es für die meisten hörgeschädigten Kinder gar nicht so einfach ist, überhaupt Zugang zu DGS zu bekommen. Da in der Gesellschaft und auch in den Medien DGS kaum eine Rolle spielt, ist die Anzahl der Interaktionssituationen von vornherein wesentlich geringer.

Dadurch ist auch das Nebenbei-Lernen von DGS durch Zuschauen wesentlich eingeschränkter.

Es ist deshalb sinnvoll, bereits in der Frühförderung und im Kindergarten hörgeschädigte Kinder und ihre (hörenden) Eltern zu unterstützen, DGS zu lernen. In der Schule bedarf es dann der expliziten DGS-Bildung sowohl im Rahmen eines eigenen **Unterrichtsfachs für DGS als auch fachintegriert**. Dies gilt für Förderschulen genauso wie für inklusiv arbeitende Schulen. Da hörgeschädigte Kinder sehr unterschiedliche Zugangsmöglichkeiten zu DGS haben, ist es sinnvoll, den DGS-Unterricht bzw. die Förderung in DGS differenziert zu gestalten.

Für den Spracherwerb sind außerdem **Interaktionen mit Gleichaltrigen, die die gleiche Sprache benutzen**, besonders förderlich. Die Peer-Kommunikation stärkt nicht nur den Erwerb der DGS, sondern ermöglicht es hörgeschädigten Kindern, die nicht oder nur erschwert lautsprachlich kommunizieren können, soziale Kontakte mit Gleichaltrigen zu pflegen. Das bedeutet für inklusiv arbeitende Schulen, dass auch hörende Kinder DGS zumindest auf einem Basisniveau lernen, damit eine barrierefreie Kommunikation untereinander möglich ist. Mit anderen Worten sollten nicht nur hörgeschädigte, sondern auch die hörenden Kinder an dem Fach DGS teilnehmen können.

Wenn möglich, ist es immer sinnvoll, bei der DGS-Förderung **gehörlose Lehrkräfte** oder doch zumindest hörende Lehrkräfte mit hoher Gebärdensprachkompetenz maßgeblich einzubeziehen. Die gehörlosen Lehrkräfte dienen dabei nicht nur als sprachliches Vorbild, sondern können auch als Identifikationsfigur für die hörgeschädigten Kinder fungieren. Im Kontakt mit ihnen können sowohl hörgeschädigte als auch hörende Kinder auch ihre interkulturellen Kompetenzen erweitern. Nicht jede Regelschule verfügt über solche speziellen Ressourcen. In diesen Fällen empfehlen wir gezielte Kooperationen mit Förderschulen mit dem Förderschwerpunkt Hören und Kommunikation in der Region, die über entsprechend qualifizierte Lehrkräfte, die nötigen Erfahrungen sowie Unterrichtsmaterialien verfügen.

Ziele und Inhalte der DGS-Bildung

Die Ziele und Inhalte der Sprachbildung in DGS entsprechen denen anderer Sprachenfächer: Mit dem Fach DGS wird, ähnlich wie auch in den Fächern Deutsch, Englisch oder Französisch, die Handlungsfähigkeit in DGS gefördert. Für das Bundesland Berlin existiert bereits ein Lehrplan für das Fach DGS, in dem zwischen der Vermittlung kommunikativer, interkultureller und methodischer Kompetenz differenziert wird (vgl. Senatsverwaltung für Bildung, Jugend und Familie des Landes Berlin o.J.:6ff.).

Die **kommunikative Kompetenz** beinhaltet die funktionalen kommunikativen Kompetenzen, wozu dialogisches und mediales Sehverstehen (Rezeption) einerseits sowie dialogisches und mediales Gebärden andererseits (Produktion) gehören. Außerdem zählen dazu das Sprachwissen, die Sprachmittlung und das Sprachlernen.
Zur **interkulturellen Kompetenz** gehört das Wissen über Geschichte, Kommunikation und Alltagsbewältigung in der Gehörlosen- bzw. der Gebärdensprachgemeinschaft. Ziele sind dabei ein vorurteilsfreier und verständnisvoller Umgang mit kultureller Differenz.
Die **methodische Kompetenz** umfasst Lern- und Arbeitstechniken für das Sprachenlernen, den Umgang mit verschiedenen Texten und Medien sowie Präsentationstechniken.

Aus dem kurzen Streifzug durch den Berliner Lehrplan DGS wird sofort ersichtlich, dass die Inhalte und Ziele mit denen anderer Sprachenfächer vergleichbar sind, die Terminologie aber der visuellen Modalität der Gebärdensprachen angepasst ist. So entspricht die Teilkompetenz des Sehverstehens dem Hörverstehen in gesprochenen Sprachen und, in ähnlicher Weise, Gebärden dem „Sprechen".

Eine Besonderheit bei der Förderung von DGS ist, dass DGS nicht über eine Schriftsprache verfügt. Das Konzept des „medialen Gebärdens" (s. Kap. 2.4) ist hier allerdings als Pendant zur Schriftsprache zu verstehen, da es die gleichen bzw. ähnliche Kompetenzen umfasst, wie für die schriftsprachliche Produktion und Rezeption in Lautsprachen erforderlich sind. Mediales Sehverstehen (Perzeption) und mediales Gebärden (Produktion) sind dabei als Teilbereiche „medialen Gebärdens" zu verstehen. Die heutige gut handhabbare Videotechnik liefert die technischen Voraussetzungen, Gebärdensprachtexte aufzunehmen und wiederzugeben. Korrekturen an medialen DGS-Texten sind durch Schneiden, Löschen und das Einfügen überarbeiteter Passagen gut möglich. Die Erstellung medialer Gebärdentexte erfordert dabei ein ebenso hohes Maß an Planung, Themenfixiertheit, Strukturiertheit, Komplexität und Reflektiertheit wie geschriebene Texte zum Beispiel in Deutsch oder Englisch. Das mediale Gebärden eignet sich deshalb auch für die Leistungsüberprüfung, ähnlich wie die Schriftsprache zum Beispiel bei Klausuren und Hausaufgaben in anderen Sprachfächern.

Lehrpläne für das Unterrichtsfach DGS

Wie oben bereits angedeutet, sind in Deutschland bereits in einigen Bundesländern **Rahmenlehrpläne** für das Fach DGS für die Jahrgangsstufen 1-10 in Kraft (zum Beispiel in Berlin, Hamburg und Sachsen-Anhalt, s. dazu ausführlicher Becker & Krausmann 2016). Die Rahmenlehrpläne für das Fach DGS folgen den Vorgaben der Kultusministerkonferenz und den Bestimmungen der einzelnen Bundesländer für Sprachenfächer. Sie enthalten einen modernen, kompetenzorientierten Unterricht und schließen sowohl hörgeschädigte als auch hörende Schüler mit ein. Darüber hinaus gibt es auf europäischer Ebene den Gemeinsamen Referenzrahmen für Gebärdensprachen, der ebenfalls vergleichbar mit Lautsprachen eine Leistungsbeurteilung auf den Stufen A1-C2 ermöglicht (vgl. Leeson u. a. 2016).

Bislang kann DGS allerdings leider noch nicht als Prüfungsfach im Abitur gewählt werden, obwohl Selbsthilfe- als auch Lehrerverbände dies einfordern. In einigen Bundesländern werden der Besuch des Unterrichtsfachs DGS oder muttersprachliche DGS-Kompetenzen in Form von Einzelfalllösungen als Ersatz für eine zweite Fremdsprache im Abitur anerkannt. Es gehört zur Wertschätzung von Vielfalt und zu einem barrierefreien Miteinander in einer inklusiven Gesellschaft, dass DGS wie jedes andere Sprachenfach gleichwertig von der Kultusministerkonferenz anerkannt und behandelt sowie in allen Bundesländern an Schulen, die von hörgeschädigten Kindern besucht werden, eingeführt wird. Leider ist dies bislang nicht vollständig umgesetzt.

Fachintegrierte Förderung von DGS

Für gebärdensprachorientierte Schüler ist die DGS eine, wenn nicht gar die wichtigste, Bildungssprache, mit der sie sich die Welt erschließen und neues Wissen be- und verarbeiten. Das Unterrichtsfach DGS alleine reicht nicht aus, diese Kompetenzen zu vermitteln. Für eine umfassende Sprachbildung, die sowohl Deutsch als auch DGS berücksichtigt, ist es deshalb sinnvoll, auch DGS-Kompetenzen fachintegriert zu vermitteln. Zum einen ist es sinnvoll, DGS als Unterrichtssprache in verschiedenen Fächern einzusetzen. In inklusiven Klassen ist dies zum Beispiel möglich, indem zwei Lehrer gemeinsam unterrichten und die eine Lehrkraft Deutsch spricht und die andere DGS gebärdet. Darüber hinaus können DGS-Kompetenzen der Schüler auch fachintegriert gefördert werden, wenn zum Beispiel neben dem deutschen Fachwort in mündlicher und geschriebener Form auch die entsprechende DGS-Gebärde eingeführt wird. Verschiedene Optionen werden in Kapitel 6.3 erläutert. Dort finden Sie auch konkrete Tipps für die Gestaltung eines bimodal-bilingualen (Fach-)Unterrichts.

4.4 Aufgaben

1. Worin liegen wesentliche Unterschiede zwischen Spracherwerb und Sprechen lernen? Wie verhalten sich beide Kompetenzen zueinander?
2. Sie finden die Lehrpläne für das Fach Deutsche Gebärdensprache im Internet (s. zum Beispiel Berlin: https://bildungsserver.berlin-brandenburg.de/fileadmin/bbb/unterricht/rahmenlehrplaene/Rahmenlehrplanprojekt/amtliche_Fassung/Teil_C_DGS_2015_11_16_WEB.pdf [abgerufen am 03.12.2018], Sachsen-Anhalt: https://www.bildung-lsa.de/files/62886edf9cdbda3cf843201c33540583/LP_DGS_010815.pdf [abgerufen am 03.12.2018], Hamburg: https://www.hamburg.de/contentblob/9212584/de5a952e80d13fa3a7ebf67fb345ac54/data/gebaerdenspr-.pdf [abgerufen am 03.12.2018]). Vergleichen Sie diese Lehrpläne mit den Lehrplänen, die an Ihrer Schule für andere Sprachenfächer gelten. Wo finden Sie Gemeinsamkeiten und wo ggf. Unterschiede?

4.5 Weiterführende Literatur

Detaillierte Ausführungen zum Gebärdenspracherwerb finden sich in dem Handbuchartikel von Hänel-Faulhaber 2012. Auch Boyes Braem 1995 bietet einen gut zugänglichen Überblick über Faktoren, die in diesem Zusammenhang eine Rolle spielen. Der Aufsatz von Becker 2014 beleuchtet nicht nur die sprachliche Vielfalt hörgeschädigter Kinder, sondern liefert darüber hinaus praktische Impulse, wie man dieser Heterogenität im schulischen Kontext gewinnbringend begegnen kann. Anschauliche Beispiele für den Einsatz von Gebärdenschrift im bilingualen Unterricht finden sich unter anderem bei Borgwardt 2012. Auf der Internetseite www.univie.ac.at/map-designbilingual/ [abgerufen am 03.12.2018] können Sie sich über den aktuellen Stand der Verankerung der nationalen Gebärdensprachen und der bimodal-bilingualen Bildung in den europäischen Ländern sowie über den jeweiligen Stand der Lehrplanentwicklung für die nationalen Gebärdensprachen informieren.

5 Wie wird Deutsch von hörgeschädigten Kindern erworben?

Ziele

Hörende Kinder erwerben eine Lautsprache in der Kommunikation mit anderen Menschen. Von Geburt an sprechen Eltern, Großeltern, Geschwister und Freunde mit dem Kind. Es lernt Deutsch also zuerst in der gesprochenen Form und wendet das Gelernte in verschiedenen Situationen an. Kinder profitieren auch schon alleine davon, dass sie anderen Menschen zuhören und dabei neue Wörter und Strukturen quasi nebenbei aufschnappen. Ist ein Kind hörgeschädigt, kann es eine gesprochene Sprache nicht oder nur eingeschränkt wahrnehmen. Dies kann weitreichende Auswirkungen auf den Erwerb des Deutschen in gesprochener und geschriebener Form haben, was wiederum besonderes didaktisches Vorgehen in der Sprachbildung erforderlich macht. Bevor wir die Auswirkungen einer Hörschädigung auf den Erwerb des Deutschen erläutern und didaktische Tipps für den Unterricht geben, erklären wir kurz, wie sich eine Hörschädigung auf das Verstehen der gesprochenen Sprache auswirkt.

5.1 Verstehen von gesprochener Sprache bei einer Hörschädigung

Das Verstehen von gesprochener Sprache ist bereits bei einer leichten Hörschädigung eingeschränkt. Je nach Grad und Form der Hörschädigung können einzelne Laute und Wörter nicht mehr wahrgenommen werden. Gesprochene Sprache klingt dann für hörgeschädigte Menschen sehr leise und meist auch „nuschelig". Bei einer Gehörlosigkeit ist die Wahrnehmung von Gesprochenem über das Ohr gar nicht mehr möglich.

Es gibt verschiedene Möglichkeiten, die das Verstehen von gesprochener Sprache für hörgeschädigte Menschen erleichtern. Dazu gehören das Ablesen von den Lippen, der Einsatz von Hörtechnologie und die zusätzliche Visualisierung des Gesprochenen mit lautsprachbegleitenden Gebärden. Diese haben aber auch alle ihre Grenzen.

Ablesen

Viele hörende Menschen denken, dass hörgeschädigte Menschen gesprochene Sprache durch Ablesen von Wörtern an den Lippen verstehen können. Das ist allerdings ein Irrglaube. Letztlich lassen sich weniger als 30 Prozent der Laute des Deutschen überhaupt anhand der Lippenbewegungen unterscheiden. Sprechen die Menschen schnell und undeutlich, tragen sie einen Bart, stehen weiter entfernt und/oder drehen sich beim Sprechen weg, bleibt noch weniger übrig. Was ein hörgeschädigter Mensch nicht hören kann, muss er deshalb durch Kombinieren zahlreicher Informationen aus verschiedenen Quellen im jeweiligen Kontext ausgleichen, um sein Gegenüber verstehen zu können. Manchen hörgeschädigten Menschen gelingt das Verstehen mit Hilfe des Ablesens vielleicht noch gut in Situationen, in denen über Themen gesprochen wird, in denen sie sich gut auskennen, ihnen die verwendeten Wörter bekannt sind und der Gesprächspartner sie direkt anschaut sowie klar und deutlich spricht. Aber schon in Gesprächen mit drei oder mehreren Personen oder gar in einer Schulklasse ist dies kaum noch möglich. Hier sind die Sprecher nicht immer gut sichtbar, sie wechseln häufig die Themen und der Störlärm ist gerade in Schulen besonders hoch und lenkt ab.

Das Verstehen gesprochener Sprache durch die Kombination von verbleibenden akustischen Wahrnehmungen, Ablesen und schlussfolgernden Prozessen kostet sehr viel Kraft. Hörgeschädigte Menschen müssen deshalb sehr viel mehr Energie auf das Verstehen der gesprochenen Sprache verwenden als hörende Menschen. Es kann deshalb sein, dass die Konzentrationsfähigkeit hörgeschädigter Menschen in Gesprächen und insbesondere auch in Gruppensituationen wie im Unterricht viel schneller nachlässt. Auch steht weniger Energie für die Verarbeitung und die Abspeicherung der Inhalte zur Verfügung. So kann es vorkommen, dass ein hörgeschädigter Schüler das Gefühl hat, im Moment alles verstanden zu haben, am nächsten Tag sich aber nicht mehr so gut daran erinnern kann wie seine hörenden Mitschüler.

Hörtechnik

Es gibt verschiedene Formen von Hörgeräten, die das Verstehen von gesprochener Sprache ermöglichen. Für hochgradig hörgeschädigte oder gehörlose Kinder stehen außerdem Cochlea-Implantate zur Verfügung, die in das Innenohr implantiert werden. Keine Hörtechnologie ermöglicht allerdings ein 100 Prozent natürliches Hören. Außerdem profitieren hörgeschädigte Menschen in unterschiedlichem Maße von technischen Hilfen. So bleibt trotz optimaler technischer Versorgung die Wahrnehmung von Lautsprache und damit die

Teilhabe an lautsprachlichen Kommunikationen eingeschränkt. Dies gilt insbesondere für die Kommunikation in Gruppen.

In Gruppengesprächen können Hörübertragungsanlagen zusätzlich zu Hörgeräten oder Cochlea-Implantaten das Hören erleichtern. Dabei sprechen die Sprecher in ein Mikrophon. Durch die Anlage (zum Beispiel über Funk) wird der Schall direkt in das Hörgerät oder das Cochlea-Implantat des hörgeschädigten Schülers geleitet. Der Effekt ist, dass der Störlärm reduziert bzw. ausgeschaltet wird und sich der Schüler damit die jeweiligen Sprecher sozusagen direkt an seine Seite holt. Der Einsatz von Mikrophonen hat noch einen weiteren positiven Nebeneffekt. Er hilft, Gespräche zu strukturieren, denn erst wenn das Mikrophon herumgegeben wurde, darf gesprochen werden. Aber auch diese Technik hat ihre Grenzen. So ist ein hundertprozentiges Hörverstehen insbesondere für hochgradig hörgeschädigte und gehörlose Menschen auch damit nicht möglich. Voraussetzung für den Einsatz von Hörübertragungsanlagen ist außerdem immer, dass die Schüler mit den Hörgeräten/dem Cochlea-Implantat über ausreichende Hörreste verfügen, in der Gruppe eine gute Gesprächsdisziplin besteht und auch ein guter Sichtkontakt zu den Sprechern gegeben ist, um auch vom Ablesen, der Mimik und Gestik der Sprecher beim Verstehen zu profitieren.

Lautsprachbegleitende Gebärden

Um gesprochenes Deutsch sichtbar zu machen und damit das akustische Verstehen visuell zu unterstützen, kann das Sprechen mit LBG begleitet werden (s. Kap. 2.1 und 3.1). Aber Vorsicht: Bei LBG werden meist nur einige Schlüsselwörter gebärdet und damit visualisiert. Flexionen werden in der Regel nicht gebärdet, so dass LBG nicht ermöglicht, den gesamten Wortschatz und die Grammatik wahrzunehmen. Deshalb ist LBG vor allem für die Schüler sinnvoll, die über ausreichend Hörreste verfügen. Ihnen bietet LBG beim Hören und Absehen gesprochener Sprache eine zusätzliche Unterstützung.

5.2 Wie wirkt sich eine Hörschädigung auf den Erwerb des Deutschen aus?

Da hörgeschädigte Kinder gesprochene Sprache nicht oder nur teilweise wahrnehmen können, ist der natürliche frühe Erwerb des Deutschen gefährdet. Welchen Zugang ein Kind zur gesprochenen Sprache hat, hängt allerdings von vielen verschiedenen Faktoren ab. Dazu zählen u.a.:

- Grad und Form der Hörschädigung: Verfügt das Kind über Hörreste, mit denen es gesprochene Sprache noch teilweise wahrnehmen kann? Welche Anteile der gesprochenen Sprache kann es damit wahrnehmen, welche nicht?
- Hörtechnologie: In welchem Alter wird das Kind mit Hörtechnologie versorgt und in welchem Maße kann es davon profitieren?
- Teilhabe an lautsprachlichen Interaktionen: In welcher Form und in welchem Umfang nimmt das Kind an lautsprachlichen Gesprächen teil? Können sich die Eltern bzw. die Menschen in seiner Umgebung adäquat an die Kommunikationsbedürfnisse und die Wahrnehmungssituation des hörgeschädigten Kindes anpassen?
- Gebärdensprache: Hat das Kind schon früh die Chance, diese zu erwerben, um sie dann als Sprungbrett (Kap. 3.3) in den Lautspracherwerb zu nutzen?
- Förderung: Wie früh und wie effektiv werden das Kind und seine Familie beim Lautsprach- und ggf. beim Gebärdenspracherwerb unterstützt?

Da das Zusammenspiel dieser und auch weiterer individueller und sozialer Faktoren komplex ist, unterscheiden sich hörgeschädigte Kinder in ihren Erwerbsbiographien und Kompetenzen im Deutschen. Einige hörgeschädigte Kinder erwerben Deutsch lediglich mit leichten Verzögerungen. Andere wiederum beherrschen die Sprache trotz intensiver Förderung bis ins Jugend- oder Erwachsenenalter nur unvollständig. Oft ist nicht vorhersagbar, wie sich insbesondere hochgradig schwerhörige und gehörlose Kinder entwickeln werden. Die Hörschädigung kann sich auf unterschiedliche Ebenen der Lautsprachkompetenz auswirken. Da sie für die Gestaltung des Unterrichts von Bedeutung sind, erläutern wir im Folgenden mögliche Risiken.

Artikulation

Durch eine Hörschädigung kann das eigene Sprechen nicht oder ggf. nur schwer über das eigene Hören kontrolliert werden. Kinder, die sehr gut von ihren Hörhilfen profitieren, sprechen manchmal nahezu unauffällig. Ist die Kontrolle über das Hören aber nicht möglich, ist das Erlernen der Artikulation sehr mühsam und oft klingt das Sprechen auch nach jahrelangem Training noch auffällig. Es kann sein, dass die Stimme verspannt klingt, die Stimmlage besonders niedrig oder überhöht ist. Die Aussprache kann unklar wirken. Oft bereitet die Aussprache von Frikativen, insbesondere von s-Lauten, Schwierigkeiten, da diese besonders hochfrequent und leise sind und deshalb auch schon bei einer leichteren Hörschädigung nicht wahrgenommen werden.

Einige gehörlose Jugendliche und Erwachsene sprechen aus diesen Gründen nicht gerne, da sie die Erfahrung gemacht haben, dass ihr Sprechen in der Öffentlichkeit zu Stigmatisierungen führt. Sie bevorzugen es dann möglicherweise, sich gebärdensprachlich auszudrücken, auch wenn sie früher gelernt haben, Deutsch zu sprechen.

Wortschatz

Hörende Kinder erwerben neue Wörter durch die aktive und passive Teilnahme in vielfältigen Kommunikationssituationen. Sie lernen sie aktiv, wenn die Wörter immer wieder in Gesprächen mit ihnen verwendet werden. Sie erwerben neue Wörter außerdem passiv beim Zuhören, wenn andere Menschen sich unterhalten, beim Fernsehen und bei Hörspielen. Dabei schleifen sich die Wörter nebenbei ein, da die Kinder sie unzählige Male in unterschiedlichen Kontexten hören. Mit jedem Wort erwerben Kinder immer auch ein Stück Weltwissen und erschließen sich die Welt sprachlich. So lernen sie mit den Wörtern ‚Kuh' und ‚Pferd' auch, dass es sich um verschiedene Tiergattungen handelt, auch wenn beide vier lange Beine haben und auf einer Weide stehen.

Bei einer Hörschädigung ist insbesondere die passive Teilnahme an lautsprachlich geführten Gesprächen erschwert, so dass Wörter weniger oder auch gar nicht „nebenbei" gelernt werden können. Um Wörter der gesprochenen Sprache zu erwerben, sind hörgeschädigte Kinder deshalb wesentlich stärker auf den aktiven Gebrauch angewiesen. Da die lautsprachliche Interaktion für beide Seiten, also Kind und Eltern oder auch Schüler und Lehrer mühsam ist, kommt es vor, dass Eltern, Lehrer und andere Erwachsene sich weniger mit dem Kind unterhalten und unter Umständen auch nur eine reduzierte Sprache verwenden, was den Spracherwerb zusätzlich erschwert.

Je nach Zugang zur gesprochenen Sprache sind hörgeschädigte Kinder darauf angewiesen, die Wörter und die Grammatik des Deutschen erst über die Schriftsprache zu lernen. Der Zugang zu einer Sprache über die Schrift ist aber nicht vergleichbar mit dem Zugang über die gesprochene Form, die spontan in vielfältigen Kommunikationssituationen Verwendung findet. Dazu ein Beispiel: Wenn Sie im Unterricht ein neues deutsches Fachwort einführen, zählen Sie doch einmal, wie häufig Sie und Ihre Schüler dieses aussprechen. Im Vergleich dazu zählen Sie auch, wie oft das Wort an der Tafel steht, so dass es gelesen wird. Wahrscheinlich geht es Ihnen wie vielen Lehrern: Sie schreiben ein neues Fachwort einmal an die Tafel, in den nächsten Stunden wiederholen Sie das Wort zwar in verschiedenen Kontexten, aber eben meist nur in gesprochener Form. Für hörende Kinder reicht das. Hörgeschädigte Kinder müssten das geschriebene Wort aber eigentlich genauso oft sehen, wie es hörende Kinder hören, damit sie es fest in ihren Wortschatz integrieren können.

Erschwerte Zugänge zur Lautsprache und kommunikativ eingeschränkte Interaktionen können dazu führen, dass der aktive und passive Wortschatz hörgeschädigter Schüler geringer ist als bei ihren gleichaltrigen hörenden Mitschülern. Besonders betroffen ist übrigens das Verstehen von Metaphern, da dieses erst durch den vielfältigen Einsatz in unterschiedlichen Kontexten erworben werden kann.

Grammatik

Hörende Kinder erwerben die Grammatik der Lautsprache vor allem dadurch, dass sie – unbewusst – den sprachlichen Input, den sie bekommen, vergleichen und Regeln davon ableiten. Deshalb spielt auch beim Grammatikerwerb die Häufigkeit eine Rolle, mit der Kinder sprachliche Strukturen wahrnehmen können. Bei einer Hörschädigung ist dieser natürliche Weg der Abstraktion von grammatischen Regeln aus der gesprochenen Sprache nur eingeschränkt oder gar nicht möglich. Erschwerend kommt hinzu, dass im Deutschen grammatische Informationen zu einem großen Teil über Flexionen ausgedrückt werden. Ausgerechnet diese werden aber beim Sprechen nicht betont und sind bei einer Hörschädigung deshalb schwer wahrnehmbar. Dies betrifft Flexionen an Verben, Nomen und in besonderem Maße auch Artikel. Außerdem können Unterschiede zwischen den Nasalen /n/ und /m/ akustisch nicht gut wahrgenommen werden, so dass Kasus- und Pluralmarkierungen häufig besondere Schwierigkeiten bei einer Hörschädigung bereiten.

Grammatische Strukturen müssen deshalb zum Teil erst gesteuert im Unterricht, bei der logopädischen Förderung oder mit Hilfe der Schriftsprache vermittelt werden. Dies benötigt in der Regel allerdings mehr Zeit und die hörgeschädigten Kinder lernen unter Umständen erst in der Schule viele grammatische Strukturen, die hörende Kinder schon vor Schuleintritt beherrschen.

Insgesamt kann es aufgrund dieser besonderen Erwerbsbedingungen bei einer Hörschädigung zu starken Verzögerungen im Grammatikerwerb kommen und auch nach intensiver Förderung können sich noch Unsicherheiten im Jugend- und Erwachsenenalter zeigen. Diese betreffen vor allem die Flexionen von Artikel und Nomen (insbesondere Genus, Kasus, Plural) sowie der Verben, den Gebrauch von Artikeln und Satzbau, hier insbesondere hierarchische Strukturen und Passivkonstruktionen.

5.3 Lesen und Schreiben lernen mit einer Hörschädigung

Hörende Menschen gehen oft davon aus, dass hörgeschädigten Kindern der Erwerb von Lesen und Schreiben nicht schwerfällt, da sie dabei nicht auf das Hören angewiesen sind, sondern lediglich ihren Sehsinn benutzen müssen. Allerdings ist das ein Trugschluss. Hörgeschädigte Kinder sind auch hier Risiken ausgesetzt. Um diese zu erläutern, müssen wir uns zunächst bewusst machen, dass es beim Schriftspracherwerb nicht nur um das Kennenlernen von Buchstaben, das Schreiben von Sätzen oder das Lesen von Texten im engeren Sinne geht. Es gehört auch dazu zu lernen, den Sinn aus verschiedenen Textsorten (zum Beispiel Zeitungstexte, Romane, Sachbücher, Diagramme, Blogs im Internet) erschließen zu können und eigene Texte zu produzieren, um unterschiedliche Ziele zu erreichen (zum Beispiel um Fremde sachlich zu informieren oder eine spaßige E-Mail an Freunde zu schicken). Diese Fähigkeiten werden deshalb auch mit dem umfassenderen Begriff der Literacy bezeichnet. Welchen Einfluss kann eine Hörschädigung direkt und indirekt auf den Erwerb dieser Kompetenzen haben? Da die Entwicklung von Literacy-Kompetenzen von verschiedenen Faktoren beeinflusst wird, zu denen individuelle, familiäre, (vor-)schulische, gesellschaftliche und situative Aspekte gehören (vgl. Nickel 2004), können sich hörgeschädigte Schüler in der Entwicklung und ihren Kompetenzen sehr unterscheiden. Im Folgenden erläutern wir mögliche Risiken und Einflussfaktoren beim Schriftspracherwerb im Kontext einer Hörschädigung.

Identifikation und Schreibung von Wörtern und Sätzen

Die deutsche Schriftsprache ist eine Alphabetschrift und basiert zu einem großen Teil auf dem phonographischen Prinzip. Überspitzt ausgedrückt bedeutet dies, dass wir so schreiben wie wir sprechen, indem wir den Phonemen Grapheme zuordnen. Diese Phonem-Graphem-Beziehungen können sich hörende Kinder (zumindest teilweise) in den ersten Phasen des Schriftspracherwerbs zu Nutze machen. Sie schreiben lautgetreu und dekodieren beim Lesen Wörter, indem sie den einzelnen Buchstaben Laute zuordnen. Wenn sie diese laut aussprechen, gleichen sie den Klang ab und finden so das gesprochene Wort, das sie bereits in ihrem mentalen Lexikon abgespeichert haben. Eine Voraussetzung für die Anwendung dieser sogenannten alphabetischen Strategie ist phonologische Bewusstheit, über die hörende Kinder in der Regel bei Schuleintritt verfügen. Heute wissen wir, dass, je besser die phonologische Bewusstheit entwickelt ist, Kindern der Erstlese- und Schreiberwerb leichter fällt. Die Entwicklung einer phonologischen Bewusstheit in einer gesprochenen Sprache kann bei einer Hörschädigung eingeschränkt sein, so dass von den betroffenen Kindern die alphabetische Strategie deshalb nicht oder nur teilweise beim Lesen- und Schreiben-Lernen genutzt werden kann.

Die Konzepte der heutigen Grundschulpädagogik setzen allerdings häufig phonologische Strategien und phonologische Bewusstheit voraus bzw. üben diese zunächst gezielt ein. Da bei einer Hörschädigung die Laute des Deutschen aber nicht oder nicht vollständig über das Hören identifiziert und segmentiert werden können, sind andere Ansätze für den Lese- und Schriftspracherwerb nötig, um diese phonologische Strategie zu fördern oder um sie zu umgehen (s. Kap. 5.4). Welche Strategie am sinnvollsten ist, hängt wiederum von den individuellen Bedingungen des jeweiligen Kindes ab und muss ggf. einfach ausprobiert werden.

Hinzu kommt, dass es aufgrund der Verzögerungen beim Erwerb der gesprochenen Sprache möglich ist, dass hörgeschädigte Schüler Wörter oder grammatische Strukturen schreiben sollen, die sie noch gar nicht kennen. Dabei spielt es eine wesentliche Rolle, ob die Kinder beim Beginn des Lesen- und Schreiben-Lernens in der Schule bereits die Möglichkeit haben, auf eine andere altersangemessene Erstsprache zurückzugreifen. Können die Kinder auf eine Gebärdensprache zurückgreifen, ist zum Beispiel das inhaltliche Konzept, das mit einer Gebärde verbunden ist, schon im mentalen Lexikon vorhanden. Die neuen (geschriebenen) Wörter des Deutschen können deshalb leichter mit den bereits vorhandenen Wissensstrukturen vernetzt werden. Verfügen Kinder aber weder über ausreichende Kompetenzen in einer Gebärdensprache noch in einer gesprochenen Sprache, wird der Schriftspracherwerb gleichzeitig auch zum Erstspracherwerb. Wenn das Kind dann lernt, ein Wort zu schreiben, muss es also auch gleichzeitig erst die Bedeutung des Wortes, seine Verwendungsweise in unterschiedlichen Kontexten und seine grammatischen Eigenschaften kennen lernen und diese in seinem mentalen Lexikon integrieren. Dieser gesamte Prozess nimmt wesentlich mehr Zeit in Anspruch als einfach nur das Erlernen der Schreibung des Wortes. Die Kompetenz im gesprochenen Deutsch beeinflusst also die Schreib- und Lesekompetenzen. Kennt ein Kind ein Wort nicht, kann es sich dieses auch nur schwer erlesen und die Dekodierung ist eingeschränkt. Muss sich ein Kind zum Beispiel erst viele unbekannte Wörter oder grammatische Strukturen in einem Text erschließen, ist flüssiges Lesen kaum möglich.

Der Deutschunterricht in der Regel-Grundschule ist häufig darauf ausgerichtet, dass Kinder Deutsch bereits in gesprochener Form beherrschen, wenn sie beginnen, lesen und schreiben zu lernen. Zwar wächst das Bewusstsein heute, dass Kinder, die Deutsch als Zweitsprache lernen, teilweise andere Zugangswege zum Schreiben und Lesen benötigen als Kinder, die Deutsch als Erstsprache erworben haben, aber nicht alle Lehrkräfte und Erzieher verfügen über Ressourcen, sich an diese unterschiedlichen Lernbedingungen anzupassen. Eine besondere didaktische Herausforderung ist es, einem Kind eine Schriftsprache beizubringen, wenn weder Deutsch noch eine andere Sprache wie zum Beispiel die Gebärdensprache altersangemessen entwickelt sind und damit der Schriftsprachunterricht auch zum Erstsprachunterricht wird. Es ist dann damit zu rechnen, dass der Schriftspracherwerb mehr Zeit und auch andere didaktische Wege benötigt als bei hörenden Kindern, die Deutsch als Erst- oder Zweitsprache gelernt haben.

Sinnentnehmendes Lesen und Schreiben von kohärenten Texten

Das sinnentnehmende Lesen kann bei einer Hörschädigung ebenfalls erschwert sein. Ein Grund ist, dass hörgeschädigte Leser unter Umständen einen Großteil ihrer Energie für das Dekodieren der Wörter und Sätze benötigen und somit nicht mehr ausreichend Energie für das Verstehen des Inhalts aufbringen können. Darüber hinaus spielt das Welt- und Textsortenwissen eine wichtige Rolle, um schlussfolgernde Prozesse zu ermöglichen. Das Weltwissen kann bei hörgeschädigten Kindern und Jugendlichen anders strukturiert oder auch geringer sein als bei hörenden Gleichaltrigen, da sie weniger an Gesprächen teilnehmen und zum Beispiel auch weniger Filme im Fernsehen oder Internet schauen.

Außerdem wird hörgeschädigten Kindern oft weniger vorgelesen als hörenden Kindern, da die Kommunikation zwischen Eltern und Kind erschwert ist. Selbst wenn die Eltern vorlesen, kann sich die Qualität unterscheiden, wenn sie nicht eine Kommunikationsform entwickeln, mit der auch Nachfragen des Kindes vertieft beantwortet werden können und das Gelesene gemeinsam diskutiert werden kann. Das kann zum Beispiel dazu führen, dass Kinder bei Schuleintritt weniger Erfahrungen mit unterschiedlichen Textsorten haben.

Metakognitive Strategien

Um effektiv lesen und schreiben zu können, wenden wir unterschiedliche Kontrollstrategien an. Wir lesen einen Textabschnitt zweimal, wenn wir ihn nicht verstanden haben, erschließen uns die Bedeutung eines unbekannten Wortes aus dem übrigen Text oder schlagen es zur Not im Wörterbuch nach. Beim Schreibprozess schauen wir unseren Text nach Fehlern in der Orthographie oder der Grammatik durch. Außerdem überlegen wir, mit welchem Vorwissen der Leser wir rechnen können und welche Informationen diese von uns benötigen.

Hörgeschädigte Schüler verwenden zum Teil ungünstige Strategien beim Lesen und Schreiben. Manche Schüler orientieren sich aufgrund geringer Deutschkompetenz zum Beispiel ausschließlich an Schlüsselwörtern und nehmen grundsätzlich eine Abfolge von Subjekt – Prädikat – Objekt an, so dass sie hierarchisch strukturierte Sätze oder Sätze mit anderer Satzglieder-Abfolge nicht oder missverstehen. Ein Grund dafür kann sein, dass sich hörgeschädigte Kinder schon sehr früh damit arrangieren, in Kommunikationssituationen nicht alles zu verstehen. Sie müssen aus Bruchstücken, die sie akustisch oder visuell über das Ablesen wahrnehmen, Zusammenhänge konstruieren und haben mitunter gelernt, Verstehenslücken zu akzeptieren. Diese Strategie transferieren sie möglicherweise auf den Umgang mit schriftlichen Texten. Das kann zwar in manchen Kontexten für eine erste Orientierung durchaus hilfreich sein, für ein genaues Lesen bedarf es aber anderer Strategien.

Motivation und Selbstkonzept

Da der Schriftspracherwerb für hörgeschädigte Schüler mit besonderer Mühe verbunden ist, erleben einige Lesen und Schreiben als frustrierend. Wenn in den Familien oder in der Frühförderung Vorlesesituationen außerdem eher mit Sprachübungen verbunden waren, wurden diese möglicherweise als weniger genussvoll erlebt, was zum Beispiel die Motivation, selbst lesen lernen zu wollen, beeinflussen kann.

Leider wurden Laut- und Gebärdensprachen in der Vergangenheit oft gegeneinander ausgespielt. Viele Pädagogen vertraten früher (und einige auch noch heute) den Standpunkt, dass eine Gebärdensprache einen negativen Einfluss auf den Lautspracherwerb habe und der Erwerb einer Lautsprache wichtiger sei, um im Leben zurechtzukommen. Gehörlose Menschen mussten und müssen deshalb immer wieder dafür kämpfen, dass ihre Gebärdensprache als gleichwertige Sprache anerkannt wird. Manche gehörlose Menschen verbinden außerdem mit dem Erwerb der Laut- bzw. Schriftsprache einen ständigen Drill und viele unangenehme Übungssituationen. Diese Umstände können ebenfalls dazu führen, dass Lautsprache in gesprochener und geschriebener Form vermieden wird.

Die konkrete Situation kann ebenfalls einen Einfluss auf das Lesen und Schreiben haben. Eine besondere Herausforderung kann zum Beispiel die Textauswahl für hörgeschädigte Kinder und Jugendliche darstellen. Sie sind im Schriftspracherwerb zum Teil um mehrere Jahre verzögert. Texte, die sie von den sprachlichen Anforderungen zwar schaffen könnten, sind aber manchmal inhaltlich nicht an ihr Alter angepasst.

Wenn negative Erfahrungen beim Lesen- und Schreiben-Lernen dominieren, kann die Motivation besonders niedrig sein. Die Gefahr besteht darüber hinaus, dass die hörgeschädigten Schüler – insbesondere durch den Vergleich mit hörenden Kindern – ein geringes Selbstkonzept bezogen auf das Lesen und Schreiben entwickeln, was sich wiederum auf ihre Motivation auswirken kann. Dies kann dazu führen, dass sich die Schüler zum Beispiel nur schwer auf neue Texte einlassen und unter Umständen Vermeidungsstrategien entwickeln. Da sie dann aber wieder weniger Lese- und Schreibpraxis haben, kann dies zu einem Teufelskreis werden.

5.4 Deutsch in der Schule fördern

Aufgrund der Heterogenität der Gruppe hörgeschädigter Kinder und Jugendlicher ist es hilfreich, regelmäßig die vorhandenen Kompetenzen zu diagnostizieren und Unterstützungs- und Fördermaßnahmen darauf individuell abzustimmen. Wichtig dabei ist auch zu überprüfen, was ein Kind mit der Hörtechnik akustisch wahrnehmen kann. Folgende grundlegende Aspekte sind dabei wichtig, die in der Kombination besonders erfolgversprechend sind:

- Wie schon an verschiedenen Stellen gesagt, kann die Gebärdensprache eine große Unterstützung sein, indem sie als Sprungbrett für den Erwerb des Deutschen in der geschriebenen und ggf. der gesprochenen Form dient (s. Kap. 3.3). Wie oben erwähnt können neue Wörter im Deutschen in das schon vorhandene mentale Lexikon, das durch die Gebärdensprache aufgebaut wurde, integriert werden. Grundlegendes Wissen und Diskurskompetenzen (zum Beispiel: Wie muss ich eine Geschichte erzählen, damit sie mein Gesprächspartner versteht?) können auf die Zweitsprache, hier das Deutsche, übertragen werden. Darüber hinaus wird über den Erwerb der Gebärdensprache Weltwissen aufgebaut, das ebenfalls zum Beispiel beim Erschließen des Sinns beim Lesen genutzt werden kann. Außerdem kann Gebärdensprache auch als Unterrichtssprache verwendet werden, um im Grammatikunterricht Phänomene im Deutschen leichter zu erklären oder den Inhalt und die Gestaltung von lautsprachlichen Texten zu diskutieren.
- Wenn ein Kind von Hörgeräten, Cochlea-Implantaten und Hörübertragungsanlagen profitiert, sollten diese regelmäßig eingesetzt und überprüft werden. Die Klassenräume sind so zu gestalten, dass optimale akustische Bedingungen bestehen (Vermeidung bzw. Reduzierung von Störlärm). All dies kann dazu beitragen, dass auch ein natürlicher Zugang zum gesprochenen Deutsch über das Hören genutzt werden kann.
- Es ist damit zu rechnen, dass es aufgrund der Hörschädigung während der gesamten Schulzeit der besonderen Förderung des Deutschen bedarf. Dafür sollte genügend Zeit verwendet werden.

Kinder profitieren von verschiedenen Methoden. Es muss ggf. individuell ausprobiert werden, welche am besten funktionieren. Grundsätzlich gilt: Viel-Lesen hilft, den Wortschatz zu erweitern und die Grammatik zu verbessern. Voraussetzung dafür ist vor allem, die Lesemotivation aufrecht zu erhalten. Im

Folgenden werden einige konkrete Tipps explizit für die Förderung des Wortschatzes, der Grammatik und des Lesens und Schreibens gegeben.

Den Erwerb neuer Wörter aktiv unterstützen

Es muss damit gerechnet werden, dass bei einer Hörschädigung Wörter nicht bekannt oder die Semantik und Gebrauchsregeln nur eingeschränkt abgespeichert sind. Der Wortschatzarbeit kommt in der gesamten Schulzeit deshalb enorme Bedeutung zu. Lehrer sollten dafür sensibel sein, dass Fachwörter, aber auch Wörter des Grundwortschatzes, bei Bedarf erst intensiv eingeführt werden müssen. Individuelle, ggf. auch computergestützte Wortkarteien können dabei eine Hilfe sein. Diese sollten Informationen über die Semantik und die Verwendungsweise von Wörtern (Angaben zum Artikel und zur Flexion) enthalten. Das Auswendiglernen von Wortlisten hilft aber nur begrenzt. Kinder und Jugendliche prägen sich Wörter vor allem dann ein, wenn sie immer wieder in verschiedenen Situationen benutzt werden. Hilfreich ist deshalb, in unterschiedlichen Unterrichtssituationen gezielt verschiedene Kommunikationsanlässe (einschließlich schriftlicher Texte) zu schaffen, in denen die neuen Wörter vorkommen. Wichtig für die Vernetzung eines Wortes im mentalen Lexikon ist insbesondere bei jüngeren Schülern, dass dieses mit Handlungen verknüpft wird.

Neue Wörter mit (vorhandenen) Gebärden verknüpfen

Wie oben bereits gesagt, hilft es, neue deutsche Wörter mit Gebärden zu verknüpfen. Aber auch wenn die Gebärde noch nicht bekannt ist, unterstützt es den Erwerb deutscher Wörter, wenn sie zusammen mit der entsprechenden Gebärde eingeführt werden. Ein hörgeschädigtes Kind kann sich die Gebärde aufgrund der visuellen Modalität möglicherweise besser einprägen und sich die Gebärde bei Abspeicherung und Abruf des deutschen Wortes im mentalen Lexikon wiederum zu Nutze machen.

Für die Verankerung neuer Fachwörter ist es deshalb zum Beispiel sinnvoll, ein neues Fachwort in der gesprochenen Sprache und in DGS zu verwenden und es gleichzeitig in schriftlicher Form an der Tafel, auf Arbeitsblättern und in schriftlichen Texten zu präsentieren. Ein Bild der Gebärde kann dabei ganz praktisch neben das Wort an der Tafel, auf dem Arbeitsblatt oder unter dem Text eingefügt werden.

Mit neuen Wörtern neues Wissen zugänglich machen

Der Wortschatzerwerb ist eng auch mit dem Erwerb neuer Konzepte und damit neuen Wissens verbunden. Dabei ist es sinnvoll, an dem bereits vorhandenen Wissen des jeweiligen Kindes anzuknüpfen, um das neue Wort und die damit verbundene Semantik in das mentale Lexikon zu integrieren. Dazu gehört zum Beispiel auch, gezielt Über- und Unterordnungen bewusst zu machen, um die Vernetzung des neuen Wortes abzusichern. Schreiben Sie zum Beispiel zu den Wörtern *Banane* und *Apfel* auch das Wort *Obst* an die Tafel.

Für die Vernetzung neuer Wörter und den Aufbau des dazugehörigen Weltwissens ist auch erfolgversprechend, wenn dies über unterschiedliche Medien geschieht: Hilfreich ist es für hörgeschädigte Schüler, sich die Wortbedeutung nicht nur über die Sprache, sondern auch über Bilder zu erschließen. Zum Beispiel können Schüler auf einer individuellen Wortkartei ein Bild zu dem jeweiligen Wort kleben oder selbst malen. Bilder oder Filme können auch im Internet gesucht werden. Verfügen die Schüler über DGS, kann eine Worterklärung persönlich oder auch in Form eines Videos in Gebärdensprache gegeben werden und dann einer digitalen Wortkartei hinzugefügt werden.

Einschleifen der neuen Wörter ermöglichen

Damit hörgeschädigte Schüler ein neues deutsches Wort im Langzeitgedächtnis abspeichern können, ist es hilfreich, dieses immer wieder sichtbar zu machen, indem es zum Beispiel in jeder Stunde erneut an der Tafel oder auf Plakaten, die im Klassenraum aufgehängt werden, steht, auf Arbeitsblättern verwendet und dort besonders markiert ist. Dabei ist es unterstützend, wenn die neuen Wörter auf verschiedene Weise präsentiert und gebraucht werden: gesprochen, geschrieben, mit Hilfe des Fingeralphabets und ggf. der dazugehörigen Gebärde.

Grammatische Eigenschaften der Wörter sichtbar machen

Damit hörgeschädigte Schüler sich die grammatischen Eigenschaften eines Wortes besser einprägen können, sollten diese auch immer wieder visualisiert werden. Wenn ein Wort zum Beispiel an der Tafel oder in einer Wortkartei festgehalten wird oder auf einem Arbeitsblatt steht, sollte stets der Artikel dazugeschrieben werden. Hilfreich ist hierbei auch, ihn unterschiedlich farblich zu markieren (zum Beispiel blau für ‚der', rot für ‚die', grün für ‚das' etc.). Individuelle Wortkarteien sollten auch Informationen zur Verwendung und zur

Flexion des Wortes erhalten. Dies ist möglich, indem Beispielsätze angegeben oder Angaben zur Verbflexion hinzugefügt werden.

Aktiver Grammatikunterricht

Da das intuitive Ableiten von Regeln aus dem gesprochenen Input eingeschränkt ist, benötigen hörgeschädigte Kinder eine gezielte Unterstützung beim Erwerb der Grammatik des Deutschen. Grammatikunterricht, der sprachliche Strukturen vermittelt und einübt, kann diesen fördern. Aber das bloße Einüben bzw. Auswendiglernen zum Beispiel von Verbkonjugationen reicht nicht aus, damit die sprachlichen Strukturen in den Sprachgebrauch übergehen. Um auch ein intuitives Erschließen von grammatischen Strukturen zu ermöglichen, ist deshalb zusätzlich vielfältiger sprachlicher Input über das Lesen hilfreich. Darüber hinaus können unterschiedliche kommunikative Situationen initiiert werden, in denen die gelernten Strukturen sinnvoll angewendet werden. Grundsätzlich muss für den Erwerb der deutschen Grammatik bei einer Hörschädigung wesentlich mehr Zeit eingeräumt werden.

Grammatische Markierungen sichtbar machen

Da damit gerechnet werden muss, dass Flexionsendungen nicht gehört werden, ist es notwendig, grammatische Markierungen auf verschiedene Weise sichtbar zu machen. Das kann schriftlich erfolgen, aber auch manuelle Zeichen können diese Funktion erfüllen. So können Flexionen von Wörtern mit dem Fingeralphabet gezeigt werden (s. Kap. 2.1). LBG können dazu verwendet werden, um die Wortstellung in einem deutschen Satz zu visualisieren (s. Kap. 2.1).

Kontrastiver Grammatikunterricht

Die Reflexion über sprachliche Strukturen, ihre Formen und Funktionen, kann in einem mehrsprachigen Kontext durch den Vergleich zweier Sprachen erfolgen. Die Schüler entdecken dabei Ähnlichkeiten und Unterschiede zwischen den Sprachen. Der Vergleich kann auf der Wort-, Satz- und Textebene erfolgen. Sie lernen gleichzeitig metasprachliches Fachvokabular und entwickeln Sprachbewusstheit, die ihnen auch hilft, eigene Texte kognitiv zu kontrollieren und formgerecht und auf die Kommunikationspartner zugeschnitten zu gestalten. Die Förderung der Sprachbewusstsheit kann insbesondere in einem mehrsprachigen Kontext auch dazu beitragen, die Sprachen zu trennen. Außerdem können durch kontrastiven Vergleich die Strukturen, die in einer Sprache bereits vorhanden sind, bei dem Erwerb einer weiteren Sprache nutzbar gemacht werden.

Verschiedene Strategien beim Erstschreib- und Leseunterricht nutzen

Um **phonologische Kodierungsprozesse** zu ermöglichen, ist es sinnvoll – je nach individuellen Voraussetzungen –, auch bei hochgradig hörgeschädigten Kindern die Lautdifferenzierung bzw. -segmentierung zu fördern, so dass sie beim Schriftspracherwerb auf phonologische Bewusstheit zurückgreifen und die alphabetische Strategie zumindest in Ansätzen nutzen können. Einigen Kindern helfen dabei gezielte Trainingseinheiten über das Hören. Wenn die phonologische Bewusstheit nicht über das Hören entwickelt werden kann, ist es förderlich, sie ersetzend oder ergänzend über visuelle Hilfen auszubauen. So kann der Einsatz des Fingeralphabets (s. Kap. 2.1) zu einer Bewusstheit der Lautstruktur von Wörtern beitragen. Einigen Kindern hilft auch die Differenzierung von Mundbildern beim Ablesen, so dass sie verschiedene Mundbilder mit einzelnen Lauten assoziieren. Diese Unterstützung durch das Ablesen ist aber nur begrenzt möglich und umfasst nicht die Laute, die im Mundinneren produziert werden. Andere Kinder nutzen wiederum kinästhetische Empfindungen bei der eigenen Artikulation, um Laute voneinander zu unterscheiden. So kann mit der Hand am Hals abgefühlt werden, ob es sich um einen stimmhaften oder stimmlosen Laut handelt (im Standarddeutschen sind bei dem Laut /b/ die Vibrationen am Kehlkopf zu spüren, bei /p/ nicht).

Da die Entwicklung der phonologischen Bewusstheit insbesondere bei hochgradig hörgeschädigten oder gehörlosen Kindern trotz dieser Fördermaßnahmen meist eingeschränkt bleibt, hilft es, von Anfang an verstärkt visuelle Strategien anzuleiten. Dazu gehört die logographemische Strategie, wobei sich die Kinder die Wortbilder visuell als Ganzes einprägen. Orthographische Strategien (zum Beispiel die Gleichschreibung von Wortstämmen [Morphemkonstanz]) können unter Umständen früher angeleitet werden, damit hörgeschädigte Kinder die Rechtschreibung erlernen.

Ausschließlich lautgetreue Lese- und Schreibförderkonzepte, bei denen die Kinder am Anfang nur lautgetreue Wörter und Sätze schreiben und später erst lesen, sind für viele hörgeschädigte Kinder ungeeignet. Da oft nicht vorauszusehen ist, von welcher Strategie ein hörgeschädigtes Kind am ehesten profitiert, müssen unterschiedliche Methoden zur Verfügung stehen.

Lesetexte sensibel auswählen und gestalten

Bei der Auswahl und der Gestaltung von Lesetexten ist zu berücksichtigen, dass hörgeschädigte Schüler über ein anderes Vorwissen (sowohl Welt- als auch Textsortenwissen) und auch über geringere Deutsch-Kompetenzen verfügen können als hörende Gleichaltrige. Hierzu ein paar Tipps:

- Das Hintergrundwissen der Schüler lässt sich durch Fragen oder Hinweise zum Thema vor dem Lesen aktivieren. Darüber hinaus dienen Vorabinformationen zum Kontext der besseren Sinnentnahme des Textes. Dies kann zum Beispiel gebärdensprachlich geschehen. Manchmal schaffen aber auch schon Bilder Kontexte, die zusätzlich zum Text gegeben werden.
- Die Texte sollten sprachlich an die Kompetenzen der Kinder anknüpfen. Zusätzliche Hilfen, wie beispielsweise Erklärungen und/oder Gebärdenbilder zu unbekannten Wörtern am Rand des Textes, eignen sich dazu, das selbstständige Lesen zu unterstützen. Es sollte allerdings möglichst mit Originaltexten gearbeitet werden. Vereinfachungen führen manchmal dazu, dass sprachliche Besonderheiten oder Zusammenhänge verloren gehen: Eine schöne Geschichte, die sprachlich sehr vereinfacht wird, verliert möglicherweise den Zauber, der erst durch die Sprache erzeugt wird. Darüber hinaus müssen hörgeschädigte Schüler auch lernen, mit authentischen Texten umzugehen.
- Die Texte sollten einerseits sprachlich an die jeweilige Entwicklungsstufe anknüpfen, aber gleichzeigtig inhaltlich dem Alter und den Interessen der Schüler entsprechen, damit die situative Lesemotivation aufrechterhalten wird. Texte, die für den Bereich „Deutsch als Zweitsprache/Fremdsprache" erstellt wurden sowie Texte in einfacher Sprache sind hier gute Quellen.
- Hilfen, die die visuelle Orientierung im Text erleichtern, ermöglichen es insbesondere schwächeren Lesern, ihre Konzentration auf die Erschließung des Sinns zu legen. Dazu gehören zum Beispiel die Verwendung von Absätzen und eine gut lesbare und nicht zu kleine Schrift.

Funktionales Schreiben

Da hörgeschädigte Kinder einen erschwerten Zugang zur Grammatik des Deutschen haben, bieten sich Methoden des funktionalen Schreibens an. Das bedeutet, dass bei der Textproduktion zunächst nicht die formalsprachliche Richtigkeit im Vordergrund steht, sondern die kommunikative Funktion. Bei einem Fokussieren auf Fehler in der Grammatik und im Ausdruck besteht die Gefahr, dass die Schreibmotivation sinkt. Außerdem kann es passieren, dass viel Zeit und Mühe vor allem auf formale Korrekturen gelegt wird und weiterführende Textkompetenzen wie Informativität, Adressatenorientierung oder Handeln mit Texten nicht weiterentwickelt werden. Das bedeutet selbstverständlich nicht, dass nicht auch Wortschatz und Grammatik beachtet werden sollen. Es ist eher eine Frage der Schwerpunktsetzung, wobei stets die jeweiligen individuellen Lernziele im Vordergrund stehen sollten. Konzepte wie das des freien Schreibens, bei denen Schüler einfach mal drauf los schreiben dürfen, ohne den Druck und die Angst vor (grammatischen) Korrekturen haben zu müssen, sind hier erfolgversprechend.

Vielfältige metakognitive Lese- und Schreibstrategien anleiten

Gerade weil der Zugang zum Deutschen erschwert ist, gilt es, hörgeschädigten Schülern vielfältige Lese- und Schreibstrategien aufzuzeigen und ausprobieren zu lassen. Ziel sollte sein, dass die Schüler aus dieser Vielzahl schöpfen und daraus ihr eigenes Repertoire, das sie auch in ihrem Alltag nutzen, entwickeln können. Dazu gehören unter anderem vielfältige Techniken für die Erschließung unbekannter Wörter beim Lesen. Das Nachschlagen in einem Wörterbuch dürfte hier sicherlich am wenigsten attraktiv und zum Teil auch vermutlich nicht sonderlich effektiv sein. Es sollte also auf Strategien gesetzt werden, die die Schüler auch gerne zuhause in ihrem Alltag anwenden werden, wie zum Beispiel das Nutzen des Handys oder des Computers, um eine Wortbedeutung zu erschließen. Genauso wichtig ist es, Strategien zu vermitteln, wie sich Wörter aus dem Text oder Kontext erschließen lassen, ohne dass der Lesefluss gestört wird.

Lese- und Schreibmotivation aufrechterhalten

Folgende Maßnahmen können sich motivierend auswirken:

- Lesetexte mit lebensnahen Themen auswählen, die die emotionale Beteiligung ermöglichen oder echten Informationsbedarf befriedigen.
- Anschlusskommunikation an gelesene Texte ermöglichen. Dadurch werden die gelesenen Inhalte auch noch einmal auf einer anderen Ebene verarbeitet und gespeichert. Dabei ist wichtig, dass die Kommunikation

gut gelingt. Die Anschlusskommunikation sollte deshalb auch bei Bedarf gebärdensprachlich erfolgen.

- Das Schreiben von Texten mit kommunikativer Funktion bzw. Lebensbezug anregen (zum Beispiel echte Chats mit Schülern von Partnerschulen).
- Positive Erlebnisse mit geschriebenen Texten ermöglichen: (Bilder-)Bücher vorlesen, Lesenacht veranstalten, Autoren einladen, Eltern motivieren und dazu anleiten, (Bilder-)Bücher mit den jeweiligen vorhandenen kommunikativen Ressourcen vorzulesen.
- Aufgaben so gestalten, dass Erfolgserlebnisse beim Lesen und Schreiben geschafft werden, damit sich die Schüler als selbstwirksam erleben können.

5.5 Aufgaben

1. Eine 10-jährige gehörlose Schülerin, die zweisprachig mit DGS und Deutsch unterrichtet wird, schreibt in einem deutschen Aufsatz folgenden Anfang:
   „In einem Tag möchte Pingu zu angel gehen. Also suchte Pingu eine Eisloch. Da hat Pingu ein Eisloch gefunden und gehe Pingu zu eisloch. Dann setzen Pingu sich auf dem Eis. Und Pingu hat Eimer. Und Pingu holt Futter für Fischen in den Eimer." (Auszug aus einem Schüler-Text aus Wagener 2018:324)
   Was könnten die Ursachen für die abweichende Schreibung sein?
2. Hörgeschädigten Schülern fällt der Erwerb des Deutschen aufgrund ihrer Beeinträchtigung besonders schwer. Welche Maßnahmen könnten hörgeschädigten Schülern bei schriftlichen Prüfungen als Nachteilsausgleich dienen?

5.6 Weiterführende Literatur

In dem Buch von Hintermair u. a. 2014 finden Sie eine hilfreiche Darstellung des aktuellen Forschungsstandes zur Entwicklung von Sprachkompetenzen bei hörgeschädigten Kindern und die Auswirkungen einer Hörschädigung auf andere Entwicklungsbereiche. Einen guten Überblick über die Besonderheiten beim Leseerwerb schwerhöriger und gehörloser Kinder liefert Paul 2003. Eine interessante und aktuelle Studie von Wagener 2018 und eine etwas ältere Studie von Schäfke 2005 zeigen detailliert auf, wie bimodal-bilinguale gehörlose

Kinder die deutsche Schriftsprache erwerben. Beide Arbeiten enthalten auch Empfehlungen für die Sprachbildung. Die didaktischen Tipps für den Schriftspracherwerb in einem bimodal-bilingualen Unterricht, die Poppendieker 1992 gegeben hat, sind immer noch aktuell und deshalb zu empfehlen. Tipps für die Gestaltung des Sprachunterrichts und der Unterrichtskommunikation bekommen Sie außerdem bei Stecher 2011.

6 Bimodal-bilinguale Bildung in der inklusiven Schule

Ziele

Um hörgeschädigte Kinder in die hörende Mehrheitsgesellschaft zu integrieren, wurde in den vergangenen Jahrzehnten oft einseitig auf die Förderung des Hörens und der Lautsprache gesetzt. Der Einsatz von Gebärdensprache wurde (und wird zum Teil auch heute noch) von einigen Pädagogen höchstens als Notnagel für die Kinder betrachtet, die keinen Zugang zur Lautsprache haben.

Seit den 1990er Jahren werden, unter anderem aufgrund der Empowermentbewegung gehörloser Menschen sowie engagierter Eltern, Lehrer und Wissenschaftler auch in Deutschland bimodal-bilinguale Bildungskonzepte erprobt. Die Erfolge haben dazu geführt, dass heute in Deutschland und auch in ganz Europa bimodal-bilinguale Konzepte in unterschiedlichen Formen zunehmend wertgeschätzt und umgesetzt werden. Das ist auch ein Hinweis dafür, dass Gebärdensprachen und die damit verbundenen Kulturen mehr und mehr als eine Bereicherung einer vielfältigen Gesellschaft betrachtet werden. Dazu hat nicht zuletzt auch die Unterzeichnung der UN-Konvention über die Rechte von Menschen mit Behinderung beigetragen, die in Artikel 24 das Recht gehörloser Kinder auf Gebärdensprache in der Bildung festgeschrieben hat. Gleichzeitig wurde in der UN-Konvention festgehalten, dass Kinder mit Behinderung den Anspruch haben, gemeinsam mit anderen Kindern ohne Behinderung zusammen zu lernen. Es ist deshalb jetzt auch eine Aufgabe der Schule und der Gesellschaft, bimodal-bilinguale Bildungsangebote nicht nur an Förderschulen, sondern auch an inklusiv arbeitenden Regelschulen einzuführen. Aus diesem Grund werden in diesem Kapitel die Ziele eines bimodal-bilingualen Bildungsangebots in inklusiven Schulen erläutert und Tipps für die Gestaltung des Unterrichts in einem solchen Setting gegeben.

6.1 Ziele der bimodal-bilingualen Erziehung und Bildung

In den vorangegangenen Kapiteln haben wir bereits an verschiedenen Stellen begründet, warum eine bimodal-bilinguale Bildung für hörgeschädigte Kinder sinnvoll ist. Diese Gründe fassen wir hier noch einmal kurz zusammen:

- Kinder benötigen mindestens eine Sprache, die altersangemessen entwickelt ist, um sich sprachlich, kognitiv und sozial-emotional entfalten

zu können. Der Erwerb einer Lautsprache ist bei einer Hörschädigung gefährdet, da auch bei optimaler Versorgung mit Hörtechnologie nicht voraussagbar ist, wann und welche Kompetenzen ein Kind in der gesprochenen Sprache erwirbt. Um einen altersangemessenen (Erst-)Spracherwerb in der frühen Kindheit zu ermöglichen, können wir es uns nicht leisten, zunächst auf Erfolge der Hörgeräte- oder Cochlea-Implantat-Versorgung und lautsprachlichen Förderung zu warten. Eine bilinguale Sprachbildung mit mindestens einer Laut- und einer Gebärdensprache bietet deshalb ein Sicherheitsnetz für den Erstspracherwerb.
- Es ist für alle Kinder ein Gewinn, mit mehreren Sprachen aufzuwachsen. Mit jeder Sprache erweitern sie ihre kommunikativen Kompetenzen und erschließen sich andere Kulturen. Es ist insbesondere für hörgeschädigte Schüler hilfreich, verschiedene Sprachen zu beherrschen, um flexibel mit unterschiedlichen Kommunikationssituationen zurechtzukommen. So profitieren auch hörgeschädigte Menschen, die Deutsch als ihre dominante Sprache entwickeln, von DGS in schwierigen Hörsituationen, bei denen der Einsatz von Gebärdensprachdolmetschern mehr hilft als eine Hörübertragungsanlage.

Aber natürlich profitieren nicht nur hörgeschädigte Kinder von einem bimodal-bilingualen Angebot. Auch für hörende Kinder, zum Beispiel in einer inklusiven Schulklasse, ist es eine Bereicherung, neue Sprachen zu erwerben. Mit einer Gebärdensprache lernen sie eine Sprache, die sie in ihrer Klasse direkt zur Kommunikation mit ihren hörgeschädigten Mitschülern verwenden können. Sie erweitern damit ihr kommunikatives Repertoire in besonderem Maße, da sie unter anderem lernen, sich in einer anderen Modalität mit ihrem Körper auszudrücken.

Ziele einer bimodal-bilingualen Bildung und Erziehung sind deshalb im Wesentlichen folgende:

- Der (frühe) Erwerb von Laut- und Gebärdensprache wird so gut wie möglich unterstützt. Ziel ist dabei, dass mindestens eine der beiden Sprachen altersangemessen erworben wird. Je nach Voraussetzungen und Ressourcen des Kindes wird Deutsch in seiner gesprochenen und/oder geschriebenen Form gefördert.
- Die Kinder und Jugendlichen entwickeln ein metasprachliches Bewusstsein für Laut- und Gebärdensprachen. Sie kennen die Gemeinsamkeiten

und Unterschiede und können diese auch bei der Sprachmittlung einsetzen.

- Die Kinder werden personal gestärkt, indem sie eine Vielzahl von sprachlichen, kommunikativen und kulturellen Optionen kennenlernen, die gleichermaßen anerkannt und wertgeschätzt werden. Sie entwickeln dabei interkulturelle Kompetenzen, indem sie sowohl die Lebensweisen hörender Menschen als auch die Kultur der Gebärdensprach- bzw. Gehörlosengemeinschaft kennenlernen. Darüber hinaus erwerben sie methodische Kompetenzen, wie zum Beispiel Lern- und Arbeitsstrategien bei der Verarbeitung und Erstellung von Texten in den unterschiedlichen Sprachen.

6.2 Bausteine der bimodal-bilingualen Erziehung und Bildung

Die Mehrsprachigkeitsforschung hat gezeigt, dass es für Kinder bei entsprechendem pädagogischem Konzept keine Überforderung darstellt, mehrere Sprachen gleichzeitig zu lernen. Aufgrund der unterschiedlichen Erwerbsbedingungen haben hörgeschädigte Kinder einige besondere Bedürfnisse, die in der Sprachbildung und bei der Gestaltung von pädagogischen Settings und im Unterricht berücksichtigt werden müssen. So ist bei einer bimodal-bilingualen (Sprach-)Bildung stets im Auge zu behalten, dass für die Schüler der Zugang zu beiden Sprachen erschwert sein kann. Hilfreich ist, wenn die sprachliche Bildung differenziert, interaktiv, ganzheitlich, reflektiert, zusättzlich und integriert sowie diagnosegeleitet durchgeführt wird (vgl. Becker 2014).

Differenziert

Um den unterschiedlichen Bedürfnissen hörgeschädigter Kinder gerecht zu werden, ist es hilfreich, wenn in der Schule vielfältige Lernangebote sowohl für Deutsch als auch für Deutsche Gebärdensprache zur Verfügung stehen.

Bei der Gestaltung des Deutschunterrichts sind die individuellen Wahrnehmungs- und Lernbedingungen hörgeschädigter Schüler zu berücksichtigen und bei Bedarf gebärdensprachliche Kompetenzen als Sprungbrett in den Deutsch-Erwerb zu nutzen (s. Kap. 5.4). Unterricht im Fach DGS sollte systematisch in die Stundentafel eingebunden werden (s. Kap. 4.3). Da hörgeschädigte Kinder unterschiedliche Zugänge zu den Sprachen haben, ist es sinnvoll, den Deutsch- sowie DGS-Unterricht bei Bedarf sowohl als Mutter-,

Zweit- oder Fremdsprachunterricht zu gestalten. Hörende Kinder werden die Deutsche Gebärdensprache als Zweit- bzw. Fremdsprache lernen. Sie profitieren davon, wenn beim DGS-Unterricht an ihre bereits vorhandenen Fähigkeiten in anderen Sprachen angeknüpft wird.

Von Bedeutung für den bilingualen Spracherwerb ist auch die Einstellung der Umgebung zu beiden Sprachen: Wenn Lehrer, Eltern, Mitschüler beide Sprachen wertschätzen und als Gewinn für alle betrachten, ist die Motivation der Schüler auch höher und es fällt ihnen leichter, schwierige Momente beim Erwerb der Sprachen zu überwinden. Das könnte zum Beispiel sein, wenn hörgeschädigte Schüler sich mit dem Lesen besonders schwer tun, oder die hörenden Kinder lernen müssen, ihren gesamten Körper bei der Gebärdensprache einzusetzen.

Interaktiv

Damit sich Kinder sprachlich und kognitiv entfalten können, benötigen sie ausreichende Interaktionen mit unterschiedlichen Gesprächspartnern. Eine Unterstützung für Schüler aller Altersstufen bietet eine Sprachumgebung, in der sie auf gebärdensprach- und lautsprachkompetente Erwachsene treffen, die als sprachliche Vorbilder dienen. Auch die Kommunikation mit sprachlich kompetenten Mitschülern ist eine wichtige Unterstützung beim Sprachenlernen. Aus diesem Grund bewähren sich zurzeit insbesondere pädagogische Konzepte, bei denen eine Gruppe von hörgeschädigten Kindern gemeinsam mit hörenden Kindern zusammen lernt. Zum einen haben die Schüler dann gleichaltrige Partner in beiden Sprachen zur Verfügung. Zum anderen haben sie aber auch die Möglichkeit, bei Bedarf sich auch einmal in ihre jeweilige Sprachgruppe zurückzuziehen. Für die Identitätsarbeit sind hörgeschädigte Gleichaltrige und Erwachsene von besonderer Bedeutung. Hörgeschädigte Erwachsene dienen als Vorbilder und gleichbetroffene Mitschüler unterstützen unter anderem die Auseinandersetzung mit der eigenen Hörschädigung und stärken das Selbstwertgefühl.

Ganzheitlich

Kinder (wie auch Erwachsene) lernen Sprachen besonders gut, wenn diese in ihren Alltag integriert sind und mit Handlungen begleitet werden. Es genügt deshalb nicht, DGS oder Deutsch nur in wenigen Wochenstunden in einem entsprechenden Unterrichtsfach gesteuert zu vermitteln. Damit sich die Sprachen möglichst natürlich entfalten können, ist es notwendig, sie mit Handlungen zu verknüpfen und Kommunikationsanlässe in vielfältigen Situationen, in verschiedenen Unterrichtsfächern und mit möglichst unterschiedlichen Kommunikationspartnern zu schaffen. Das gilt in besonderem Maße für die Kinder, die noch keine altersangemessene Erstsprache entwickelt haben.

Reflektiert

Der Sprachreflexion kommt in der bimodal-bilingualen Sprachbildung eine besondere Bedeutung zu, da die Gefahr der ungewollten Sprachvermischung erhöht ist. Ein Grund ist, dass in der Umgebung der Kinder häufig hörende Erwachsene (Eltern, Erzieher, Lehrer) selbst aufgrund mangelnder DGS-Kompetenzen eher Mischformen oder LBG verwenden. Eine bewusste Sprachtrennung ist vor allem in der frühen Erwerbsphase nötig, wobei unterschiedliche Methoden diese unterstützen können. Die Sprachentrennung kann zum Beispiel durch die Koppelung einer Sprache an bestimmte Personen, Orte oder Situationen erreicht werden, bis die Kinder in der Lage sind, die Sprachen auseinanderzuhalten. Der kontrastive Vergleich der grammatischen Strukturen beider Sprachen ist ebenfalls eine gute Unterstützung.

Hilfreich ist außerdem, in beiden Sprachen Sprachplanungsprozesse anzuleiten. Im Deutschunterricht ist es selbstverständlich, dass Kinder verschiedene Textsorten kennenlernen, Texte schreiben, diese gemeinsam mit anderen reflektieren und anschließend überarbeiten. Sprachplanungsprozesse sollten ebenfalls in DGS angeregt werden. Hier kann mediales Gebärden besonders hilfreich sein (s. Kap. 4.3). Dabei können die Schüler im DGS- oder Fachunterricht gebärdensprachliche Texte per Video aufzeichnen und diese anschließend hinsichtlich ihrer Adressaten- und Situationsadäquatheit sowie ihrer Wirksamkeit beurteilen und schließlich überarbeiten.

Zusätzlich und integriert

Viele hörgeschädigte Kinder benötigen aufgrund der besonderen Erwerbssituationen zusätzliche Förderung in beiden Sprachen. Neben dem Fach Deutsch und ggf. weiteren Fördereinheiten ist auch das Fach DGS zum Beispiel durch eine gebärdensprachkompetente sonderpädagogische Lehrkraft anzubieten.

Die fachintegrierte Förderung beider Sprachen ist außerdem von besonderer Bedeutung, um den Erwerb beider Sprachen umfassend unterstützen zu können. Das bedeutet, dass zum Beispiel auch im Biologie-Unterricht neben den deutschen Fachwörtern auch die entsprechenden Fachgebärden eingeführt und geübt werden.

Diagnosegeleitet

Damit die bilinguale Sprachbildung an die individuellen Bedürfnisse der Schüler angepasst werden kann, ist ein diagnosegeleitetes Vorgehen sinnvoll. Da in beiden Sprachen Entwicklungsrisiken bestehen, sollten nicht nur die Hörentwicklung, sondern auch die laut- und schriftsprachliche und die gebärdensprachliche Entwicklung regelmäßig kontrolliert werden, um Beeinträchtigungen rechtzeitig erkennen und die individuelle Förderung darauf abstimmen zu können. Auch hierfür ist die Kooperation von Regelschullehrkräften und Sonderpädagogen hilfreich.

6.3 Tipps für die Gestaltung des bimodal-bilingualen Unterrichts und des Schullebens

Im Folgenden geben wir abschließend einige Tipps für die Gestaltung des gemeinsamen Unterrichts von hörenden und hörgeschädigten Schülern und des Zusammenlebens an der Schule. An dieser Stelle sei noch einmal betont, dass hörgeschädigte Schüler unterschiedliche Bedürfnisse und Lernbedingungen haben. Aus diesem Grund kann es kein einheitliches pädagogisch-didaktisches Konzept für alle hörgeschädigten Schüler geben.

Es sei außerdem noch einmal ausdrücklich hervorgehoben, dass es für alle von großem Vorteil ist, wenn eine Gruppe hörgeschädigter Kinder gemeinsam mit hörenden Kindern eine Klasse besucht. In Deutschland werden hörgeschädigte Kinder häufig einzelintegriert beschult. Um aber das Risiko der sozialen Isolation zu vermeiden und um ausreichend gleichaltrige Gesprächspartner in beiden Sprachen zur Verfügung zu haben, sind Formen der Gruppeninklusion in vielen Fällen zu bevorzugen.

Lehrkräfte, die im gemeinsamen Unterricht von hörenden und hörgeschädigten Kindern arbeiten, profitieren in ihrer eigenen Arbeit davon, unterschiedliche Auswirkungen einer Hörschädigung auf das Lernen und die Sprachentwicklung zu kennen. Dies ermöglicht es ihnen, sie entsprechend bei ihren Schülern individuell zu erkennen. Es ist darüber hinaus für Lehrer sehr hilfreich, wenn sie über ein entsprechend weitgefächertes didaktisch-methodisches Repertoire verfügen, aus dem sie vor dem Hintergrund der individuellen Bedürfnisse geeignete methodisch-didaktische Entscheidungen treffen können. Um positive Synergieeffekte generieren zu können, ist es sinnvoll, dass in inklusiven Settings Regelschullehrer und Sonderpädagogen, die auf dieses Gebiet spezialisiert sind, aktiv miteinander kooperieren. Es empfiehlt sich also, dass Regelschulen mit Förderschulen für den Förderschwerpunkt Hören und Kommunikation zusammenarbeiten, da an Letzteren vielfältige Kompetenzen und Ressourcen bereits gebündelt sind, mit denen die inklusive Arbeit in Regelschulen unterstützt werden kann. In Berlin arbeiten zum Beispiel Regelschulen eng mit Förderschulen mit dem Förderschwerpunkt Hören zusammen. Für den DGS-Unterricht und für die individuelle Förderung der hörgeschädigten Schüler kommen Sonderpädagogen der Förderschule an die Regelschulen. Insbesondere im Unterricht der Sekundarstufe II werden außerdem Gebärdensprachdolmetscher zur Sicherung der Unterrichtskommunikation eingesetzt.

Zwei Sprachen im Unterricht

Aus der Mehrsprachigkeitsforschung und auch aus Erfahrungen der Hörgeschädigtenpädagogik wissen wir heute, dass es verschiedene erfolgversprechende Möglichkeiten gibt, den Unterricht mehrsprachig zu gestalten. Eine strenge Trennung der Sprachen kann zwar als Zwischenschritt im Erwerb für eine befristete Phase erforderlich sein, ist aber im gesamten Schulalltag weder notwendig noch sinnvoll. Beide Sprachen können kreativ in jeden Unterricht integriert werden. In der Diskussion um mehrsprachige Bildung wird heute deshalb häufig auch von „Translanguaging“ gesprochen.

In der Bildung ist **Translanguaging** ein Prozess, in dem die Sprachen von Schülern und Lehrern verwendet werden, um sich in ihrer bilingualen Welt in verschiedenen Modalitäten (lesen, schreiben, sprechen, hören, gebärden, zusehen) verständlich zu machen und um neue Sprachen zu lernen und Wissen zu erwerben (vgl. zum Beispiel García & Wei 2014).

Es gibt verschiedene Möglichkeiten, beide Sprachen in der Unterrichtskommunikation bzw. im Unterricht zu berücksichtigen:

1. Zwei Sprachen – zwei Lehrer

Im Unterricht mit hörenden und hörgeschädigten Schülern hat es sich bewährt, zwei Lehrer einzusetzen, zum Beispiel eine Regelschullehrkraft und eine gebärdensprachkompetente sonderpädagogische Lehrkraft oder eine gehörlose und eine hörende Lehrkraft, die gemeinsam den Unterricht mit zwei Sprachen gestalten. Dabei sind unterschiedliche Konstellationen möglich, die insbesondere in offenen Unterrichtsformen flexibel eingesetzt werden können: Zum Beispiel leitet die eine Lehrkraft lautsprachlich eine Gesprächsrunde, die andere Lehrkraft übersetzt in DGS oder umgekehrt. Die Schüler arbeiten einzeln oder in Gruppen und werden je nach Bedarf von den Lehrkräften mit unterschiedlichen Sprachen angesprochen. Bei einem Zwei-Lehrer-System ist es immer auch möglich, Gruppen nach unterschiedlichen Kriterien auch zeitweise getrennt zu unterrichten. Die Klasse kann dabei je nach aktuellem Bedarf sowohl nach sprachlichen oder auch nach leistungsorientierten Kriterien eingeteilt werden. Der Vorteil eines solchen Zwei-Lehrer-Systems ist, dass hier sprachliche und (sonder-)pädagogische Ressourcen gebündelt und von der ganzen Klasse genutzt werden können.

2. Zwei Sprachen in verschiedenen Arbeitsphasen und -formen

Sowohl der Sprach- als auch der Fachunterricht lässt sich auf verschiedene Weise zweisprachig gestalten – unabhängig davon, ob ein oder zwei Lehrer die Klasse unterrichten. Hierfür gibt es zahlreiche Möglichkeiten, von denen hier einige genannt sind:

- Die Arbeitsblätter werden zweisprachig gestaltet, indem schriftsprachliche (Fach-)Wörter (= Deutsch) mit Fotos oder Zeichnungen von Gebärden (= DGS) versehen werden.
- Die Schüler bekommen die Aufgabe, eine Präsentation zu einem Thema vorzubereiten. Sie erhalten zur Vorbereitung schriftliches Material (= Deutsch). Sie können dann zwischen verschiedenen Präsentationsformen wählen: Plakat (Bilder + schriftlicher Text [= Deutsch]), DGS-Video (mediales Gebärden) oder „mündlicher“ Vortrag je nach Wunsch in DGS oder gesprochenem Deutsch. Solche Verfahren ermöglichen auch eine gute Differenzierung in einer sprachlich heterogenen Klasse.

- Die Schüler sehen einen Film in DGS und erhalten dazu schriftlich Untertitel in Deutsch.
- Sprachen können an bestimmte Situationen gebunden werden. In der Grundschule könnte zum Beispiel eine Spielphase am Dienstag immer in DGS eingeleitet und durchgeführt werden, eine weitere Spielphase am Donnerstag dagegen immer in gesprochenem Deutsch (mit LBG begleitet).
- Im gemeinsamen Unterricht von hörenden und hörgeschädigten Schülern hat sich auch bewährt, im Fachunterricht zwischendurch einmal eine „stille Phase" für alle Schüler durchzuführen. Dabei handelt es sich um eine kurze Unterrichtssequenz, die nur in Gebärdensprache durchgeführt wird, wobei die gebärdensprachkompetente Lehrkraft Fachbegriffe in DGS zeigt oder in das Stundenthema kurz einführt. Dadurch haben auch die hörenden Mitschüler die Möglichkeit, ihre DGS-Kompetenzen auszubauen. Zur Verstehensabsicherung für alle können die Inhalte durch die deutsche Schriftsprache an der Tafel notiert werden (vgl. Hänel u. a. 2017:17).

3. Einsatz von Gebärdensprachdolmetschern

Der Einsatz von Gebärdensprachdolmetschern bietet sich vor allem dann an, wenn eine hohe Dolmetschleistung zur Teilhabe am Unterricht beiträgt. Dies kann zum Beispiel in der Sekundarstufe der Fall sein, wenn überwiegend Unterrichtsgespräche und Gruppendiskussionen stattfinden oder Schüler Referate halten. Da Gebärdensprachdolmetscher über eine entsprechende Ausbildung verfügen, sind sie in der Lage, Gesprochenes oder Gebärdetes weitgehend simultan zu übersetzen. Manch ein Regelschullehrer mag denken, dass mit dem Einsatz von Gebärdensprachdolmetschern der Unterricht in inklusiven Klassen unverändert wie für hörende Kinder stattfinden kann. Der Einsatz von Dolmetschern bedeutet jedoch nicht, dass weitere (sonder-)pädagogische Maßnahmen unnötig sind:

- Auch beim simultanen Dolmetschen entstehen zeitliche Verschiebungen. Das kann dazu führen, dass hörgeschädigte Schüler sich weniger am Unterricht beteiligen, da die Finger der hörenden Mitschüler bei einer Frage schneller oben sind. Bei einem schnellen Sprecherwechsel können hörgeschädigte Schüler in einer größeren Gruppe nicht so schnell erkennen, wer gerade spricht und übersetzt wird.
- Hörgeschädigte Kinder müssen die volle Konzentration auf die Dolmetscher richten. Hörende Schüler können auch mal den Blick aus dem

Fenster schweifen lassen und weiter nebenbei zuhören. Diese Entlastungsmomente haben hörgeschädigte Schüler im Unterrichtsalltag nicht, sodass neben der ohnehin erschwerten Kommunikationssituation ein besonderes Maß an Konzentration und Selbstdisziplin erforderlich ist.

- Den hörgeschädigten Schülern können wichtige Informationen im Unterrichtsgeschehen verloren gehen, da sie nicht gleichzeitig auf die Tafel, die Lehrer und die Dolmetscher schauen können.
- Der Einsatz von Dolmetschern ersetzt keine bimodal-bilingualen Bildungsangebote. Damit Schüler über Dolmetscher am Unterricht teilhaben können, müssen sie bereits sehr gute Gebärdensprachkompetenzen mitbringen. Es wäre ein Trugschluss zu glauben, dass Kinder allein beim Zusehen von Gebärdensprachdolmetschern Gebärdensprache lernen können.
- Die Teilhabe am Unterricht mit Dolmetschern ist auch deshalb eine besondere Herausforderung, da die Kommunikation zwischen Lehrern und Schülern nur indirekt möglich ist.

Dolmetscher können zum einen als Ergänzung zu einem Zwei-Lehrer-System verwendet werden. In der Sekundarstufe kann es auch sein, dass gehörlosen Schülern der Einsatz von Gebärdensprachdolmetschern reicht, um am Unterricht teilzunehmen. Viele Schüler profitieren von der Kombination aus hochwertigen Dolmetschleistungen und zusätzlicher (sonder-)pädagogischer Unterstützung.

Egal, in welchen Arbeitsphasen Sie die Sprachen einsetzen und ob Sie alleine oder zu zweit den Unterricht durchführen, ist es wichtig, einen kindzentrierten Sprachstil zu verwenden. Dies ist insbesondere in der Einzelkommunikation mit den Schülern möglich. Er zeichnet sich dadurch aus, dass er responsiv ist, das heißt, dass die Schüleräußerungen aufgegriffen und erweitert werden. Dabei sollte die Sprache dem Entwicklungsstand des jeweiligen Schülers angepasst sein, aber auch immer ein bisschen mehr von ihm gefordert werden, als er oder sie schon kann. Dieser Sprachstil unterstützt sowohl die Entwicklung in der Laut- als auch der Gebärdensprache und hilft besonders auch späten Erstsprachlernern.

Gestaltung des gemeinsamen Lernens

Im Folgenden geben wir einige Hinweise, wie das gemeinsame Lernen von hörgeschädigten und hörenden Schülern gelingen kann.

- Hörgeschädigte Schüler sind aufgrund ihrer Wahrnehmungsbedingungen in der Regel stärker visuell orientiert, was bei der Präsentation von Lerninhalten berücksichtigt werden sollte. Es ist immer hilfreich, Lerninhalte nicht nur sprachlich, sondern auch mit Hilfe von Bildern und Filmen zu vermitteln. Arbeitsaufgaben sollten nicht nur mündlich bzw. gebärdensprachlich vergeben werden, sondern zusätzlich visualisiert werden (mit Schrift, Bildern, DGS-Fotos). Übrigens profitieren alle Schüler davon, wenn beim Lernen alle Sinne angesprochen werden.
- Hörgeschädigte Schüler müssen ihre visuelle Aufmerksamkeit stärker teilen als hörende Schüler: Wenn sie die sprechende Lehrkraft bzw. die gebärdende Lehrkraft oder den Dolmetscher anblicken, können sie nicht gleichzeitig in ein Buch oder an die Tafel schauen. Stellen Sie deshalb sicher, dass die hörgeschädigten Kinder Zeit bekommen, damit sie ihre Aufmerksamkeit jeweils auf das eine oder andere lenken können. Vergewissern Sie sich stets, dass die hörgeschädigten Schüler erst Blickkontakt mit Ihnen haben, bevor Sie weitersprechen oder -gebärden. Sprechen oder gebärden Sie nicht gleichzeitig, wenn Sie etwas an die Tafel schreiben. All dies mag vielleicht etwas mehr Zeit kosten, aber auch die hörenden Schüler profitieren von diesem Vorgehen, da sie mehr Zeit für die Verarbeitung der Inhalte bekommen.
- Die Sitzordnung in der gesamten Klasse und in Partner- oder Gruppenarbeiten sollte so gestaltet sein, dass die hörgeschädigten Schüler die Lehrkraft und auch die anderen Schüler im Blick haben. Für den Klassenunterricht sind Sitzkreise bzw. U-Formen besonders sinnvoll.
- Eingeschränkte Kommunikationserfahrungen können bei hörgeschädigten Schülern zu einem geringeren Wissen und einer anderen Organisation des Gedächtnisses führen als bei hörenden Kindern. Sie verfügen unter Umständen auch über andere Problemlösestrategien. Bei der Unterrichtsgestaltung ist deshalb das unterschiedliche Vorwissen der Schüler zu berücksichtigen. Zusätzliche Kontextualisierungen zum Beispiel durch Bilder und Worterklärungen unterstützen den Lernprozess und die Verknüpfung von neuen und bereits vorhandenen Wissensstrukturen. Darüber hin-

aus können ergänzende individuelle Fördereinheiten für hörgeschädigte Schüler sinnvoll sein. Es muss auch bei Bedarf mehr Zeit für Lernprozesse eingeplant werden.

- Aufgrund der Hörschädigung kann der Erwerb weiterer Lautsprachen wie zum Beispiel Englisch und Französisch ebenfalls erschwert sein. Der Fremdsprachenunterricht muss methodisch-didaktisch an die Wahrnehmungsbedingungen der hörgeschädigten Schüler angepasst werden, wobei der Schwerpunkt vor allem dann auf schriftsprachliche Methoden gelegt werden sollte, wenn ein guter Zugang über das Hören nicht möglich ist. Hier können sich die Bedürfnisse hörender und hörgeschädigter Schüler besonders unterscheiden (mündliche/kommunikative Methoden für hörende Schüler, schriftsprachlich orientierte Methoden für hörgeschädigte Schüler), so dass es notwendig sein kann, den Unterricht stärker zu differenzieren bzw. die Gruppen auch (zeitweise) getrennt zu unterrichten.
- Da der Zugang zum Deutschen aufgrund der Hörschädigung massiv erschwert sein kann, sollten hörgeschädigten Schülern in allen Fächern bei Bedarf Nachteilsausgleiche bei der Produktion und Rezeption schriftlicher Texte gewährt werden. Diese können zum Beispiel sein, dass bei einer Klausur mehr Zeit gegeben und ein Wörterbuch zur Verfügung gestellt wird. Nachteilsausgleiche können auch darin bestehen, besonders schwierige Wörter in einem Text zusätzlich in Fußnoten verständlich zu erklären und sprachliche Fehler weniger bei der Bewertung von Leistungen zu berücksichtigen.

Gestaltung des Zusammenlebens

Die Verwendung unterschiedlicher Sprachen, die verschiedenen Wahrnehmungsbedingungen der Schüler und vielleicht auch noch andere Faktoren können dazu führen, dass Barrieren im Alltag auftreten. Inklusion ist ein Prozess, in dem es immer wieder gilt, solche Barrieren zu identifizieren und diesen – mitunter auch mit kreativen – Lösungen zu begegnen. Wenn Barrieren gemeinsam mit den Schülern reflektiert und abgebaut werden, werden wichtige Lernziele erreicht. Folgende Aspekte sind insbesondere bei der gemeinsamen Beschulung hörender und hörgeschädigter Schüler zu berücksichtigen:

- In inklusiven Kontexten ist die soziale Integration der hörgeschädigten Schüler oft gefährdet, da sie nicht im gleichen Maße an der lautsprachlichen Kommunikation ihrer hörenden Mitschüler teilnehmen können. Gleichzeitig liegt darin jedoch ein wesentlicher Knackpunkt für das Gelingen von inklusiver Schule: Damit intensive soziale Beziehungen entstehen, benötigen hörende und hörgeschädigte Schüler gemeinsame Kommunikationsmittel. Dabei reicht es nicht aus, dass hörende Schüler in DGS lediglich begrüßen oder sagen können, dass der Matheunterricht gerade langweilig oder interessant war. Es bedarf einer gemeinsamen Sprach- bzw. Kommunikationsform, die auch vertiefte Gespräche auf dem Schulhof unabhängig von anderen Erwachsenen wie zum Beispiel Dolmetschern ermöglicht. Ist diese nicht gegeben, werden Freundschaften unter Umständen nicht intensiv erlebt, hörgeschädigte Schüler bleiben in der Pause auf dem Schulhof alleine und fühlen sich unter Umständen isoliert. Da insbesondere hochgradig hörgeschädigte und gehörlose Schüler gesprochenes Deutsch nicht oder nur rudimentär wahrnehmen können, ist deshalb für ein vertieftes soziales Miteinander Voraussetzung, dass hörende Schüler in diesen Klassen auch DGS lernen. Außerdem ist es sinnvoll, dass mehrere hörgeschädigte Schüler zusammen eine Klasse mit hörenden Schülern besuchen, so dass sie Rückzugsmöglichkeiten in ihre eigene Sprachgruppe haben.

- Hörgeschädigte Gleichaltrige sind auch für die Identitätsarbeit sehr wichtig, da sie die gleichen Erfahrungen in einer Welt machen, die von hörenden Menschen und der gesprochenen Sprache geprägt ist und in der sie deshalb immer wieder Barrieren erleben. Es ist außerdem für sie von besonderer Bedeutung, Kontakt mit hörgeschädigten Erwachsenen zu haben, die als Vorbilder dienen und die Auseinandersetzung mit der eigenen Hörschädigung unterstützen und so das Selbstwertgefühl der Schüler stärken. Laden Sie doch einmal hörgeschädigte Erwachsene in den Unterricht ein und lassen Sie sie von ihrem Leben, ihrer Schulzeit und ihrem Beruf erzählen. Das fördert auch die interkulturellen Kompetenzen der hörenden Schüler.
- Damit hörgeschädigte Schüler sich als Teil der Schulgemeinschaft fühlen und am gesamten Schulleben partizipieren können, müssen alle Schulveranstaltungen barrierefrei gestaltet sein. Das bedeutet zum Beispiel auch, dass Gebärdensprachdolmetscher beim Sommerfest, auf der Klassenfahrt oder dem Vortrag des Berufsberaters dabei sind.

- Hörende und hörgeschädigte Schüler fühlen sich willkommen, wenn die Schulkultur bimodal-bilingual ist. Das kann manchmal schon an Kleinigkeiten sichtbar werden: Verwenden Sie doch zum Beispiel auf Ihrer Schulhomepage nicht nur deutschen Text, sondern fügen Sie an einigen Stellen auch DGS-Videos ein. Dann ist auch von außen sichtbar, dass Ihnen beide Sprachen wichtig sind. Wenn Sie Klassenfotos an die Klassentüren hängen, schreiben Sie die Namen der Kinder nicht nur auf Deutsch, sondern zusätzlich mit Hilfe des Fingeralphabets an und hängen ein Foto mit ihren Gebärdennamen dazu.
- Die Gestaltung des Unterrichts mit Laut- und Gebärdensprache erfordert in der Regel interdisziplinäre Kooperationen zwischen Regelschullehrkräften und Sonderpädagogen und/oder Dolmetschern. Wenn eine Lehrkraft DGS nicht beherrscht, ist dies eine besondere Herausforderung, da sie unter Umständen nicht weiß, worüber gerade gebärdet wird. Nehmen Sie sich deshalb Zeit für Absprachen und die gemeinsame Unterrichtsentwicklung. Da die gemeinsame Beschulung mit einer Laut- und Gebärdensprache immer noch ein neues Feld ist, hilft es, wenn alle bereit sind, nach neuen Wegen zu suchen, Neues auszuprobieren, zu reflektieren und sich dabei weiterzuentwickeln.

6.4 Aufgaben

1. Schauen Sie sich die Bausteine der bimodal-bilingualen Bildung in der BiBi-Toolbox (Audeoud u. a. 2016:3ff.) an, online zu finden unter: https://www.univie.ac.at/teach-designbilingual/index.php?id=28&upId=152 [abgerufen am 03.12.2018]. Überprüfen Sie, wo Sie aktuell mit Ihrer Schule/Ihrer Klasse stehen und überlegen Sie sich und diskutieren Sie mit Ihren Kollegen, in welchen Bereichen Sie sich weiterentwickeln möchten.
2. Finden Sie mindestens drei Möglichkeiten, wie Sie im Fachunterricht in einer sprachlich gemischten Klasse Deutsch und DGS im Sinne von Translanguaging einsetzen können.

6.5 Weiterführende Literatur

Auf der Internetseite univie.ac.at/teach-designbilingual [abgerufen am 03.12.2018] finden Sie zahlreiche Anregungen, Werkzeuge und Unterrichtsbeispiele für die fachintegrierte Gebärdensprachförderung sowie Tipps für die Gestaltung von zweisprachigem Unterricht mit Deutsch und DGS. Die BiBi-Toolbox von Audeoud u. a. 2016 sei Ihnen dabei für die Schul- und Unterrichtsentwicklung besonders ans Herz gelegt. Becker 2015 gibt außerdem einen Überblick über unterschiedliche Formen der bimodal-bilingualen Gestaltung von inklusiven Klassen. Hänel u. a. 2017 haben einen praxisnahen Leitfaden für die Kooperation von Sonderschullehrern und Regelschullehrern sowie die Gestaltung eines inklusiven Unterrichts zusammengestellt. Der Leitfaden zum Translanguaging für Pädagogen von Celic & Seltzer 2011 ist zwar nicht auf bimodale Mehrsprachigkeit ausgerichtet, enthält aber zahlreiche praktische Tipps für die Gestaltung des mehrsprachigen Unterrichts, die sich auch auf den bimodal-bilingualen Unterricht übertragen lassen.

Es ist immer auch hilfreich, betroffene Menschen selbst zu fragen, welche Bedürfnisse sie haben und was ihnen guttut. Der Deutsche Gehörlosen-Bund e. V. und der Deutsche Schwerhörigenbund e. V. geben immer wieder Broschüren zur Bildung heraus, die Empfehlungen für die Gestaltung des Unterrichts im gemeinsamen Unterricht für hörgeschädigte und gehörlose Kinder geben (https://www.schwerhoerigen-netz.de/ und http://www.gehoerlosen-bund.de/ [abgerufen am 03.12.2018]).

Literaturverzeichnis

Audeoud, Mireille; Becker, Claudia; Krausneker, Verena; Tarcsiová, Darina (2016): *Bi-Bi-Toolbox. Impulse für die Bimodal-Bilinguale Bildung.* In: http://www.univie.ac.at/teach-designbilingual/index.php?id=28&upId=136, abgerufen am 03.12.2018.

Bauman, H-Dirksen L.; Murray, Joseph J. 2014. Deaf Gain: Raising the Stakes for Human Diversity. University of Minnesota Press, Minnesota

Becker, Claudia (2014): „Sprachliche Vielfalt hörgeschädigter Kinder und Jugendlicher – Bilingual-Bimodale Sprachbildung in heterogenen Lerngruppen". In: *Das Zeichen* (98), S. 398–413.

Becker, Claudia (2015): „Bilingualer Unterricht als Chance für die gemeinsame Beschulung hörender und hörgeschädigter Schülerinnen und Schüler". In: Biewer, Gottfried; Böhm, Eva Theresa; Schütz, Sandra (Hrsg.): *Inklusive Pädagogik in der Sekundarstufe*. Stuttgart: Kohlhammer, S. 94–112.

Becker, Claudia; Audeoud, Mireille; Krausneker, Verena; Tarcsiová, Darina (2017): „Bimodal-Bilinguale Bildung für Kinder mit Hörbehinderung in Europa. Teil I: Erhebung des Ist-Stands". In: *Das Zeichen* (105), S. 60–73.

Becker, Claudia; Krausmann, Beate (2016): „Das Unterrichtsfach Deutsche Gebärdensprache in Deutschen Schulen – Aktueller Stand". In: *Das Zeichen* (103), S. 252–267.

Borgwardt, Christian (2012): „Gebärdensprachpädagogik: DGS im Bilingualen Schulunterricht". In: Eichmann, Hanna; Hansen, Martje; Heßmann, Jens (Hrsg.): *Handbuch Deutsche Gebärdensprache – Sprachwissenschaftliche und anwendungsbezogene Perspektiven*. Seedorf: Signum Verlag, S. 381–397.

Boyes Braem, Penny (1995): *Einführung in die Gebärdensprache und ihre Erforschung.* 3. Aufl., Hamburg: Signum.

Brehmer, Bernhard; Mehlhorn, Grit (2018): *Herkunftssprachen*. Tübingen: Narr Francke Attempto Verlag. LinguS Band. 4.

Celic, Christina; Seltzer, Kate (2011): *Translanguaging: A CUNY-NYSIEB Guide for Educators*. New York: CUNY-NYSIEB. https://uiowa.edu/accel/sites/uiowa.edu.accel/files/wysiwyg_uploads/celicseltzer_translanguaging-guide-with-cover-1.pdf, abgerufen am 27.09.2018.

Domahs, Ulrike; Primus, Beatrice (Hrsg., 2016): *Handbuch Laut, Gebärde, Buchstabe.* Berlin/Boston: De Gruyter.

Eichmann verh. Jaeger, Hanna; Hansen, Martje; Heßmann, Jens (Hrsg., 2012): *Handbuch Deutsche Gebärdensprache. Sprachwissenschaftliche und anwendungsbezogene Perspektiven.* Seedorf: Signum Verlag.

Eichmann, Hanna; Rosenstock, Rachel (2014): „Regional Variation in German Sign Language: The Role of Schools (re-)visited". In: *Sign Language Studies* 14(2), S. 175–202.

Fischer, Renate; Kollien, Simon; Poppendieker, Renate; Vaupel, Meike; Weinmeister, Knut (2000): *Materialien zur kontrastiven Grammatik DGS-Deutsch I: Singular-/ Plural-Übereinstimmung bei Verben. Mit Begleitvideo*, Münster: LIT.

García, Ofelia; Wei, Li (2014): „Translanguaging in Education", In: García, Ofelia; Wei, Li (Hrsg.): *Translanguaging: Language, Bilingualism and Education.* Basingstoke: Palgrave Macmillan, S. 63–77.

Hänel-Faulhaber, Barbara (2012): „Gebärdenspracherwerb: Natürliches Sprachlernen gehörloser Kinder", In: Eichmann, Hanna; Hansen, Martje; Heßmann, Jens (Hrsg.): *Handbuch Deutsche Gebärdensprache. Sprachwissenschaftliche und anwendungsbezogene Perspektiven.* Seedorf: Signum Verlag, S. 293–310.

Hänel, Anneke; Nedden, Thomas; Bredehöft, Julia (2017): *Leitfaden für eine gemeinsame bilinguale Beschulung von Hörenden, Schwerhörigen und Gehörlosen in der Oberstufe. Ergebnisse eines dreijährigen Pilotprojekts an der Stadtteilschule Hamburg Mitte in Zusammenarbeit mit der Elbschule Hamburg.* www.univie.ac.at/teach-designbilingual/index.php?id=28&upId=159, abgerufen am 03.12.2018.

Hillenmeyer, Margit; Tilmann, Savina (2012): „Soziolinguistik: Variation in der DGS". In: Eichmann, Hanna; Hansen, Martje; Heßmann, Jens (Hrsg.): *Handbuch Deutsche Gebärdensprache. Sprachwissenschaftliche und anwendungsbezogene Perspektiven.* Seedorf: Signum Verlag, S. 245–270.

Hintermair, Manfred; Knoors, Harry; Marschark, Marc (2014): *Gehörlose und schwerhörige Kinder unterrichten – psychologische und entwicklungsbezogene Grundlagen.* Heidelberg: Median-Verlag.

Jacobowitz, Lynn; Stokoe, William C. (1988): „Signs of Tense in ASL Verbs". In: *Sign Language Studies* 60, S. 331–340.

Koch, Peter; Oesterreicher, Wulf (1985): „Sprache der Nähe – Sprache der Distanz: Mündlichkeit und Schriftlichkeit im Spannungsfeld von Sprachtheorie und Sprachgeschichte". In: *Romanistisches Jahrbuch* 36, S. 15–43.

Ladd, Paddy (2003): *Understanding Deaf Culture: In Search of Deafhood.* Clevedon: Multilingual Matters.

Ladd, Paddy (2008): *Was Ist Deafhood? Gehörlosenkultur im Aufbruch.* Hamburg: Signum.

Leeson, Lorraine; van den Bogaerde, Beppie; Rathmann, Christian; Haug, Tobias (2016): *Gebärdensprachen und der Gemeinsame Europäische Referenzrahmen für Sprachen. Gemeinsame Referenzniveaus.* Strasbourg Cedex: Council of Europe Publishing. www.ecml.at/Portals/1/resources/Publications/PROSign_Common-Reference-Level-Descriptors-DE.pdf), abgerufen am 03.12.2018.

LeMaster, Barbara; Dwyer, John P. (1991): „Knowing & Using Female & Male Signs in Dublin". In: *Sign Language Studies* 73 (Winter), S. 361–396.

Marschark, Marc; Tang, Gladys; Knoors, Harry (Hrsg., 2014): *Bilingualism and Bilingual Deaf Education.* Oxford: Oxford University Press.

Mayberry, Rachel I.; Lock, Elizabeth (2003): „Age Constraints on First versus Second Language Acquisition. Evidence for Linguistic Plasticity and Epigenesis". In: *Brain and Language* (87), S. 369–384.

McCaskill, Carolyn; Lucas, Ceil; Bayley, Robert; Hill, Joseph (2011): *The Hidden Treasure of Black ASL: Its History and Structure.* Washington, D.C.: Gallaudet University Press.

Newport, Elissa (1984): „Constraints on Learning: Studies in the Acquisition of American Sign Language". In: *Papers and Reports on Child Language Development* (23), S. 1–22.

Newport, Elissa; Supalla, Ted (1980): „Clues from the Acquisition of Signed and Spoken Language". In: Bellugi, Ursula; Studdert-Kennedy, Michael (Hrsg.): *Signed and Spoken Language: Biological Constraints on Linguistic Form*, Weinheim: Verlag Chemie, S. 187–212.

Nickel, Sven (2004): „Family Literacy – Familienorientierte Zugänge zur Schrift". In: Panagiotopoulou, Argyro; Carle, Ursula (Hrsg.): *Sprachentwicklung und Schriftspracherwerb, Beobachtungs- und Fördermöglichkeiten in Familie, Kindergarten und Grundschule*, Baltmannsweiler: Schneider Hohengehren, S. 71–84.

Paul, Peter V. (2003). „Processes and Components of Reading". In: Marschark, Marc; Spencer, Patricia E. (Hrsg.): *Oxford Handbook of Deaf Studies, Language, and Education*, Oxford: Oxford University Press, S. 97–109.

Petitto, Laura Ann; Katerelos, Marina; Levy, Bronna G.; Gauna, Kristine; Tétreault, Karina; Ferraro, Vittoria (2001): „Bilingual Signed and Spoken Language Acquisition from Birth. Implications for the Mechanism Underlying Early Bilingual Language Acquisition". In: *Journal of Child Language* 28, S. 453–496.

Pfau, Roland; Steinbach, Markus; Woll, Bencie (Hrsg., 2012): *Sign Language. An International Handbook.* Berlin/Boston: De Gruyter Mouton.

Plaza-Pust, Carolina; Morales-López, Esperanza (Hrsg., 2008): *Sign Bilingualism: Language Development, Interaction, and Maintenance in Sign Language Contact Situations.* Amsterdam: John Benjamins Publishing.

Poppendieker, Renate (1992): *Freies Schreiben und Gebärden: Voraussetzungen und Bedingungen des Erwerbs von Schreibkompetenz durch gehörlose Kinder.* Hamburg: Signum.

Prillwitz, Sigmund; Leven, Regina; Zienert, Heiko; Hanke, Thomas; Henning, Jan (1989): *HamNoSys, Version 2.0. Hamburger Notationssystem Für Gebärdensprache. Eine Einführung.* Hamburg: Signum.

Reich, Carl Gottlob (1834): *Der erste Unterricht des Taubstummen. Mit angefügten Declinations-, Conjugationstabellen und einer Zeittafel.* Leipzig: Voß.

Sauer, Anja; Wotschke, Matthias; Glück, Susanne; Happ, Daniela; Leuninger, Helen (1997): „DGS-Syntax: Raumnutzung und Satztypen". In: *Frankfurter Linguistische Forschungen* 20, S. 49–82.

Schäfke, Ilka (2005): *Untersuchungen zum Erwerb der Textproduktionskompetenz bei hörgeschädigten Schülern*. Hamburg: Signum.

Senatsverwaltung für Bildung, Jugend und Familie des Landes Berlin (Hrsg., o. J.): *Teil C Deutsche Gebärdensprache*. Jahrgangsstufen 1-10. https://bildungsserver.berlin-brandenburg.de/fileadmin/bbb/unterricht/rahmenlehrplaene/Rahmenlehrplanprojekt/amtliche_Fassung/Teil_C_DGS_2015_11_16_WEB.pdf, abgerufen am 27.09.2018.

Stecher, Markus (2011): *Guter Unterricht bei Schülern mit einer Hörschädigung*. Heidelberg: Median-Verlag.

Steinbach, Markus (2007): „Gebärdensprache". In: Steinbach, Markus u. a. (Hrsg.): *Schnittstellen der germanistischen Linguistik*. Stuttgart: J.B.Metzler, S. 137–186.

Stokoe, William C.; Casterline, Dorothy C.; Croneberg, Carl G. (1965): *A Dictionary of American Sign Language on Linguistic Principles*. Washington, D.C.: Gallaudet University Press.

Sutton, Valerie (1995): *Lessons in Sign Writing: Textbook*. Deaf Action Committee for Sign Writing: La Jolla, CA.

Tracy, Rosemarie (2008): *Wie Kinder Sprachen lernen: und wie wir sie dabei unterstützen können*. 2. Aufl., Tübingen: Francke.

Volterra, Virginia (1987): „From Single Communicative Signal to Linguistic Combinations in Hearing and Deaf Children". In: Montanger, Jacques; Tryphon, Anastasia; Dionnet, Syvain (Hrsg.): *Symbolism and Knowledge*, Geneva: Jean Piaget Archives Foundation, S. 89–106.

Wagener, Iris (2018): *Schriftsprache als Zweitsprache. Diagnostik und Förderung der grammatischen Entwicklung in der Schriftsprache bei gehörlosen Schülern mit Deutscher Gebärdensprache als Erstsprache*. Humboldt-Universität zu Berlin, Kultur-, Sozial- und Bildungswissenschaftliche Fakultät. Dissertation. https://edoc.hu-berlin.de/handle/18452/19947, abgerufen am 27.09.2018.

Lösungsvorschläge zu den Aufgaben

Kapitel 1

1. Individuelle Lösungen.
2. Individuelle Lösungen.

Kapitel 2

1. Das Handalphabet der BSL wird mit beiden Händen artikuliert, das der ASL nur mit einer Hand. Die Unterschiede liegen in der historischen Entwicklung der jeweiligen Gebärdensprache. ASL hat ihre Wurzeln in der Französischen Gebärdensprache, BSL bildet zusammen mit der Australischen (Auslan) und Neuseeländischen (NZSL) Gebärdensprache eine gemeinsame Sprachfamilie.
2. Individuelle Lösungen.
3. Der Künstler verwendet das gesamte deutsche Alphabet, indem er die einzelnen Handformen in der Reihenfolge der Buchstaben spielerisch in Gebärden einbettet.

Kapitel 3

1. Sprachprofile können helfen, die kommunikativen Bedürfnisse der Schüler zu verstehen. Schauen Sie dabei vor allem auf die Stärken: Die Kompetenzen in den verschiedenen Sprachen können sich ergänzen und auf verschiedene Weise für das (Sprachen-)Lernen genutzt werden. Um ein Sprachprofil für einen Schüler erstellen zu können, sind folgende Fragen hilfreich:

- Welche Sprachen wurden bzw. werden erworben bzw. gelernt?
- Wann wurden die jeweiligen Sprachen gelernt? In den ersten Lebensjahren? Vor oder nach dem Schuleintritt?
- Wie wurden die jeweiligen Sprachen gelernt? In natürlichen Interaktionen (zum Beispiel im Elternhaus? Im Kindergarten in der Kommunikation mit anderen Kindern oder Erziehern?)? Vor allem in gesteuerten Lernsituationen (zum Beispiel Logopädie, im Unterrichtsfach DGS)?
- Welche Sprachen werden in der Familie verwendet?

- Welche Kompetenzen hat der Schüler in den jeweiligen Sprachen? Gelingt eine vertiefte Kommunikation in der jeweiligen Sprache?
- Welche Sprachen bevorzugt der Schüler in verschiedenen Situationen (zum Beispiel im Unterricht/zum Lernen, in Schulpausen mit den anderen Mitschülern, in der Familie, mit Freunden)?
- Anregungen für die gemeinsame Erstellung des Sprachprofils finden Sie auch im Internet (s. zum Beispiel http://www.sprachenportfolio.de/PDF/GrundportfolioOnline.pdf [abgerufen am 03.12.2018]). Allerdings berücksichtigen diese keine Gebärdensprache. Sie können aber einzelne Blätter verwenden und diese hinsichtlich der bimodalen Mehrsprachigkeit Ihrer Schüler erweitern.

2. Im Unterricht können unter anderen folgende Verhaltensweisen darauf hinweisen, dass der Erstspracherwerb erheblich verzögert ist:

- Der Schüler zeigt in der Sprache, in der er am liebsten kommuniziert bzw. in der er die größten Stärken hat, keine altersangemessenen Kompetenzen. Der Wortschatz ist auffällig klein, auch wenn dabei Kompetenzen in den weiteren Sprachen addiert werden. Die Grammatik (Satzbau und Flexionen) ist stark auffällig und nicht dem Alter entsprechend entwickelt. Auch ist die funktionale Kommunikation im Vergleich zu Gleichaltrigen eingeschränkter (zum Beispiel gelingt es dem Schüler nicht, eine zusammenhängende Geschichte zu erzählen).
- Der Schüler kann Listen nicht so gut auswendig lernen und sich zum Beispiel Aufgabenstellungen nicht so gut merken bzw. braucht dafür mehr Wiederholungsphasen als andere Schüler.
- Der Schüler benötigt mehr Zeit, um aus Texten/Äußerungen (je nach Erstsprache DGS oder Deutsch [gesprochen/geschrieben]) den Sinn zu erschließen. Er gibt an, alles verstanden zu haben, kann aber den Inhalt nachher nicht wiedergeben.
- Dem Schüler fällt es sehr schwer, neue Sprachen (zum Beispiel Englisch) zu lernen. Er braucht auffallend mehr Zeit als die anderen Schüler in der Klasse, um sich Vokabeln zu merken oder grammatische Strukturen anzuwenden.
- Der Schüler löst Konflikte weniger verbal.

Diese Auffälligkeiten können auch andere Ursachen haben. Für eine genaue Abklärung der kommunikativen Kompetenz und möglicher Ursachen für Verzögerungen ist es deshalb empfehlenswert, sonderpädagogische und/oder logopädische Fachkompetenz hinzuzuziehen.

Kapitel 4

1. Eine Sprache zu erwerben bedeutet, dass entsprechendes Wissen um grammatische Strukturen, Vokabular und Sprachverstehen im Gehirn verankert wird. Sprechen zu können beschränkt sich dagegen im Wesentlichen auf die Fähigkeit, sprachliche Einheiten physisch artikulieren zu können. Es ist gut möglich, Wörter einer (Fremd-)Sprache perfekt artikulieren zu können (das heißt sie sprechen zu können). Die Artikulationsfähigkeit sagt allerdings überhaupt nichts darüber aus, ob entsprechende Wörter auch tatsächlich verstanden werden. Sprechkompetenz ist also nicht mit Sprachverstehen gleichzusetzen. Der Terminus „sprechen" wird übrigens ausschließlich für Lautsprachen verwendet. Der Terminus „gebärden" ist das entsprechende Pendant für Gebärdensprachen. Hier gilt selbstverständlich das Gleiche: Eine Gebärde kann zwar korrekt artikuliert bzw. ausgeführt (= gebärdet) werden, das heißt aber nicht auch, dass die Bedeutung der Gebärde verstanden wird.
2. Individuelle Lösungen.

Kapitel 5

1. Aufgrund der Gehörlosigkeit kann das gesprochene Deutsch nicht ausreichend wahrgenommen werden. In diesem Text können einige Auffälligkeiten auf die besonderen Spracherwerbsbedingungen bei einer Hörschädigung zurückgeführt werden:

- Der Schülerin fällt die Verwendung von Artikeln noch schwer. Sie lässt sie weg (Und Pingu hat Eimer), ist unsicher beim Genus (eine Eisloch, ein Eisloch) und beim Kasus (Dann setzen Pingu sich auf dem Eis).
- Die Flexionen an den Verben und Nomen werden noch nicht sicher beherrscht, auch wenn viele schon korrekt verwendet werden (und gehe Pingu zu eisloch; für Fischen in den Eimer).
- Es bestehen Unsicherheiten bezogen auf den Einsatz von Präpositionen (In einem Tag).
- Der Wortschatz, der verwendet wird, ist wenig variabel.

- Einige Abweichungen von den Rechtschreibnormen sind allerdings nicht auf die besonderen Erwerbsbedingungen bei einer Gehörlosigkeit zurückzuführen, sondern lassen sich auch bei hörenden Schülern finden. Dazu gehören Fehler bei der Groß-/Kleinschreibung (angel, eisloch). Der Text zeigt aber auch einige Stärken. Die Schülerin variiert bereits Satzmuster mit unterschiedlicher Verbstellung, verwendet weitgehend die Vergangenheitsform, die für eine Geschichte notwendig ist und leitet diese Textsorte auch in einer angemessenen Form ein. Für eine genauere Analyse des Textes hinsichtlich der grammatischen Gestaltung s. Wagener 2018.

2. Hörgeschädigten Schülern entstehen aufgrund ihrer Beeinträchtigung bzw. Behinderung Nachteile. Dafür ist in der Schule ein Nachteilsausgleich zu gewähren, um Chancengleichheit für alle herzustellen. Die Maßnahmen sind abhängig von der Art und Ausprägung der Beeinträchtigung sowie den Auswirkungen auf das Lernen und sollten deshalb individuell ausgestaltet werden. Folgende Maßnahmen können als Nachteilsausgleich für hörgeschädigte Schüler bei schriftlichen Prüfungen dienen:

- Mehr Zeit für Klassenarbeiten bzw. Klausuren geben.
- Zusätzliche Hilfsmittel erlauben (zum Beispiel Wörterbuch mit gut verständlichen Bedeutungserklärungen).
- Zusätzliche Erklärungen von besonders schweren Wörtern in leicht verständlicher Sprache und in schriftlicher Form geben, ggf. mit Bildern visualisieren.
- Die Aufgabenstellung in klaren, nicht verschachtelten Sätzen formulieren.
- Gebärdensprachdolmetscher bzw. eine gebärdensprachkompetente Lehrkraft zu Beginn der Prüfung einsetzen, wenn die Aufgabenblätter verteilt werden und ggf. noch Fragen in der Klasse geklärt werden.
- Keine Aufgabenstellungen, die Hörvermögen voraussetzen (zum Beispiel Diktate, Nacherzählung einer vorgelesenen Geschichte).
- Bei der Leistungsbewertung den sprachlichen Fehlern, die auf die Hörschädigung zurückzuführen sind, weniger Gewicht geben. Der logische Aufbau und die inhaltliche Qualität sollten im Vordergrund stehen.
- Im Internet finden Sie Handreichungen aus verschiedenen Bundesländern zum Nachteilsausgleich für hörgeschädigte Schüler (s. zum Beispiel: http://inklusive-schule-bayern.de/upload/Nachteilsausgleich_Hoeren_Antrag.pdf; https://www.lwl-schule-am-leithenhaus-bochum.de/media/filer_pu-

blic/52/1c/521cd822-c0d0-4801-b82a-750a1068a155/handreichungen-nachteilsausgleich.pdf [abgerufen am 03.12.2018]).

Kapitel 6

1. Individuelle Lösungen.
2. Hier sind einige Vorschläge für Translanguaging im Fachunterricht. Konkrete Unterrichtsbeispiele für verschiedene Fächer finden Sie auch unter www.univie.ac.at/teach-designbilingual/ [abgerufen am 03.12.2018]: Exemplarische Unterrichtsentwürfe finden Sie hier unter „Materialien", unter „Werkzeuge" finden Sie eine Auflistung verschiedener Möglichkeiten, die Sprachen ergänzend im Unterricht einzusetzen.
   a) Aktivieren Sie zu Beginn der Stunde das Vorwissen der Schüler im Klassengespräch. Das Gespräch wird zweisprachig geführt, wobei eine Lehrkraft Deutsch spricht und eine zweite gebärdensprachkompetente Lehrkraft bzw. ein Dolmetscher das Gesprochene in DGS übersetzt. Die Schüleräußerungen werden ebenfalls entsprechend in beiden Sprachen gedolmetscht. Sie fördern hierbei sowohl rezeptiv als auch produktiv Deutsch in gesprochener Form und DGS in gebärdeter Form.
   b) Verteilen Sie einen Sachtext in deutscher Schriftsprache für eine Gruppenarbeit. Geben Sie zu dem Sachtext schriftliche Anweisungen ebenfalls in deutscher Schriftsprache. Die Gruppen können selbst entscheiden, in welcher Sprache sie sich über den Text und die Aufgaben austauschen (= Deutsch in gesprochener Form, DGS in gebärdeter Form). Eine Gruppe beantwortet die Fragen bzw. erfüllt die Aufgaben, indem sie ein Poster erstellt (= deutsche Schriftsprache). Eine andere Gruppe beantwortet die Fragen in DGS und filmt diese Antworten (= mediales Gebärden).
   c) Im Grammatikunterricht vergleichen Sie kontrastiv den Satzbau von Deutsch und DGS. Sie schreiben die deutschen Sätze in deutscher Schriftsprache an die Tafel und die DGS-Sätze visualisieren Sie an der Tafel mit Hilfe von Glossen und Fotos oder Zeichnungen der einzelnen Gebärden. Die Schüler stellen fest, dass die Struktur eines einfachen Satzes im Deutschen aus der Abfolge Subjekt – Prädikat – Objekt besteht, in DGS aber aus der Abfolge Subjekt – Objekt – Prädikat.

d) Ein Beispiel für Unterrichtsmaterialien für den kontrastiven Grammatikunterricht (Deutsch – DGS) finden Sie bei Fischer u. a. (2000).